차별성과 보편성

내일을여는지식 철학 5

차별성과 보편성

전동영 지음

한국학술정보(주)

목 차

◆

들어가는 말

차별성과 보편성은 개체에 대한 사랑, 보편화 되지 않은 개체에 대한 사랑에서 시작되었습니다. 차별성에 대한 사랑은 개체에 대한 사랑이며 보편성에 대한 사랑은 이념에 대한 사랑입니다. 차별적 삶은 차별적 관계에 기초한 차별적 사랑이 가득 찬 삶이며, 보편 정신이 활동하는 보편적 이념은 보편적 관계에 기초한 보편적 사랑이 숨 쉬고 있는 곳입니다. 이 글은 보편적 이념이 차별적 삶을 해치지 않고 이념이 개체를 희생시키지 않는 차별성에 대한 사랑에서부터 출발했습니다. 보편적 이념은 차별성에 대한 반성적 사유에서 생성되며, 보편성을 차별성이 기초한다는 사실에서 보편적 이념에 대한 사랑은 차별적 삶에 대한 사랑에서 생성됩니다. 차별적 삶이 보편적 이념을 기초하고 있기 때문에 보편성에 대한 사랑은 차별성에 대한 사랑에 기초하고 있고 진정한 보편성에 대한 사랑은 차별성에 대한 사랑에 근거하고 있습니다. 차별성을 사랑하지 않는 사람이 보편성을 사랑할 때 보편성을 기초하고 있는 차별성을 해칠 수 있기 때문에 차별성을 사랑하는 사람이 보편성을 사랑할 때 보편성에 대한 사랑이 차별성을 해치치 않는 참 된 사랑을 할 수 있다고 봅니다.

한국외국어대학교에서 부전공으로 철학을 하면서 손봉호 교수님을 뵙게 되어 손봉호 교수님께서 강의하신 현상학과 실존철학의 강의를 들음으로써 처음으로 훗설의 현상학을 접하게 되었습니다. 손봉호 교수님께서는 강의하실 때 창조적으로 철학 함을 강조하셔서 철학 함에 있어서의 태도를 배웠습니다. 현상학을 연구하고 싶은 마음으로 성균관대학교 대학원 철학과와 서울대학교 대학원 철학과 시험을 보게 되어 두 군데 다 차석으로 입학하는 영광을 얻게 되었습니다.

서울대 대학원 철학과에서 한전숙 교수님, 윤명로 교수님, 소광희 교수님과의 만남으로 훗설 현상학에 대한 정확하고 깊이 있는 이해를 하게 되고 현상학이 무엇인지를 이해하게 되었습니다. 한전숙 교수님과 윤명로 교수님께서 함께 강의하신 현상학 강의는 현상학과 철학을 연구하는 태도를 배움으로써 학문을 연구하는 방법을 깨우치게 되었습니다. 지금도 두 분 교수님께서 강의하시던 모습이 생생하게 떠오르면서 두 분 교수님께서의 현상학에 대한 사랑을 다시 느끼게 됩니다. 네 분 교수님께서 오늘의 저를 만들어 주셔서 변변치 못한 책을 내게 되어 고개 수그려 고마움을 느낍니다.

차별성과 보편성을 쓸 수 있었던 것은 받음을 생각지 않고 줌으로써 완전한 사랑을 해주신 어머니, 아버지의 한없는 사랑 덕분이라고 봅니다. 그리고 모든 것을 저와 저의 가족을 위해 희생한 아내의 보살핌이 아니었다면 이 글은 쓸 수 없는 글이라고 생각합니다.

저에게 철학은 잊을 수 없는 고향 같은 곳입니다. 저의 정신은 철학을 떠나 온 고향처럼 그리워합니다. 그리고 차별적 삶에 살아 있는 철학이라는 보편정신을 사랑하며 영원히 철학을 사랑할 것을 마음에 새깁니다.

현상학적 기술의 방법

1) 초월적 지각과 내재적 지각

경험은 인식의 시작이다. 경험은 의식 활동이다. 의식 활동은 초월적 지각과 내재적 지각의 결합이다. 초월적 지각은 주어진 외부 세계의 자료를 받아들이고 내재적 지각은 주어진 자료를 재생한다. 초월적 지각은 세계가 주어지는 원천이고 내재적 지각은 초월적 지각에 주어진 세계를 반성한다. 초월적 지각은 세계를 향해 나가 있고 내재적 지각은 초월적 지각에서 받아들인 세계를 다시 생각한다. 책상의 형태나 색깔은 초월적 지각에서가 아니면 주어지지 않고 이미 주어졌던 책상의 형태나 색깔을 초월적으로 지각하지 않으면 책상의 형태나 색깔은 사라지는 것이 아니라 그것들을 재생하는 상기에 의해 의식에서 다시 보인다. 초월적 지각에서 사라졌으나 의식에 저장된 책상의 형태나 색깔을 다시 보는 의식이 내재적 지각이다. 내재적 지각을 달리 표현하면 재생산적 직관 또는 상기이다. 초월적 지각은 초월적 직관이며 내재적 지각은 상기이다. 초월적 지각에 세계가 주어지고 초월적 지각에 주어지지 않은 세계는 내재적 지각에서 보이지 않는다. 초월적 지각은 봄이며 내재적 지각은 다시 봄이다. 원본적으로 부여하는 직관은 초월적 지각이며 변양이 일어나지 않은 초월적 지각에서 구성된 의미를 다시 보는 내재적 지각은 변양이 일어나지 않는 한 파생적 이성가치를 갖는다. 보이지 않는 것은 알 수가 없다. 이 명제는 보이는 것만 알 수 있다는 것은 아니다. 나에게 보이지 않는 것을 다른 사람이 볼 수 있으며 지금 나에게 보이지 않는 것이 지금 이후에 다른 사람이 볼 수 있다. 경험의 오류는 지각에서 나타나며 그것은 계속된 경험을 통해 정정될 수 있다. 경험이 오류가 생길 수 있다고 해서 경험이 지식의 원천이 아니라는 것은 아니다. 경험의 정정은 지식의 목적론적 성격을 함축한다. 경험이 오류를 범할 수 있다는 것은 경험이 초월적 지각과 내재적 지각의 결합이므로 초월적 지각에서도 경험의 변양(Modalisierung)이 있을 수 있고 내재적 지각에서도 경험의 변양이 있을 수 있다는 것이다. 지각에서도 변양이 있을 수 있고 기억에서도 변양이 있을 수 있다. 경험되지 않은 것은 알 수가 없고 경험할 수 있는 것만 알 수가 있다.

2) 봄과 진리

봄(Sehen)은 모든 앎의 원천이다. 앎에는 진리와 거짓이 있고 봄은 모든 앎의 원천이기 때문에 진리와 거짓도 봄에 그 근원을 두고 있다. 봄은 언제나 나의 봄이기 때문에 나의 봄이 내가 본 것의 진리와 거짓을 결정한다. 봄이 언제나 나의 봄이므로 너의 봄의 진리와 거짓은 나의 봄에 의해 결정되는 것이 아니라 너의 봄에 의해 결정된다. 나의 봄이 나의 진리와 거짓을 결정하므로 너의 봄의 진리와 거짓은 나의 봄에 의해 결정되지 않으므로 너의 봄에 의해 결정되는 너의 봄의 진리와 거짓을 내가 어떻게 알 수 있느냐가 앎의 문제에서 등장한다. 나의 봄과 너의 봄이 동일한 것을 볼 때 나의 봄과 너의 봄은 동일한 앎에 기초한 진리와 거짓을 결정할 수 있다. 봄에는 언제나 잘못 보는 봄의 변양이 있을 수 있다. 나의 봄이나 너의 봄이 변양을 겪어서 동일한 것을 보지만 내가 잘못 보거나 네가 잘못 보아서 서로 다른 의미를 가지고 볼 수 있다. 나와 네가 잘못 보는 의미는 봄의 계속적인 진행 속에서 잘못 본 것이 정정되어 서로 다른 의미가 서로 동일한 의미를 가지는 것으로 획득될 수 있다. 그러나 봄이 시간적 경과를 거쳐서 지나간 것을 재생해 봄이 될 때 지나간 것을 재생해 봄이 원본적으로 봄과 달라서 원본적으로 본 것과 지나간 것을 본 것이 서로 다를 때 나의 봄과 나의 재생해 봄이 서로 다른 것을 생각할 수 있다. 기록되지 않은 원본적 봄이 지나간 것을 재생해 봄과 동일한지, 동일하지 않은지의 여부, 진리와 거짓이 원본적 봄에 있는지, 지나간 것을 재생해 봄에 있는지의 여부는 원본적으로 봄에 변양이 생김으로써 또는 재생해 봄의 기억에 변양이 생김으로써 원본적으로 봄에 진리와 거짓의 결정권을 주어야 할지, 아니면 재생해 봄에 진리와 거짓의 결정권을 주어야 할지의 여부는 보는 사람이 원본적으로 봄에 확신을 가지거나 재생해 봄에 확신을 가지거나의 믿음 영역으로 넘어가게 된다.

　원본적으로 봄으로 지각판단(Wahrnehmungsurteil)을 내린 후 시간이 경과했을 때 지각 판단의 의미에 대한 설명은 기억에 의존할 수밖에 없고 기억이 정확하면 지각판단의 의미도 정확하고 기억이 애매하면 지각판단의 의미도 애매해지기 때문에 지각판단의 의미는 의심할 수밖에 없고 명증성의 강도가 약화된다. 지각판단의 의미에 대한 설명은 상기의 필증성(Apodiktizaet)에 빠진다. 지각판단은 체험현상의 직접적 기록이기 때문이다. 따라서 지각된 의미와 그것을 기록한 지각판단은 자아에 갇혀 있기 때문에 타자와의 상호 주관적 의미가 단절되며 유아론에 빠지고 만다. 원본적으로 봄을 기록한 지각판단이 진리인지 거짓인지의 여부를 결정함은 보는 사람이 그 지각판단을 생생하게 기억하여 확신하거나 애매하게 기억하여 확신하지 못하거나 이다. 기억에 변양이 생길 때 그 지각판단의 진리와 거짓은 지각판단에 진리와 거짓이 있는지 변양된 기억에 진리와 거짓이 있는지는 결정할 수 없는 의심의 여지가 남게 된다. 그러나 진리의 체험을 기록한 지각판단은 필증적이며 진리의 체험을 거짓으로 기록하는 자아는 드물기 때문에 기록된 지각판단을 의심하는 경우는 없다. 지각의 확실성은 필증성을 갖기 때문에 지각판단의 확실성은 절대적인 명증을 갖는다.

　나의 원본적으로 봄과 재생해 봄에 생기는 진리와 거짓의 미결정성의 문제는 너의 원본적으로 봄과 재생해 봄에서도 생길 수 있으나, 동일한 것에 대한 나의 원본적으로 봄과 재생해 봄과 너의 원본적으로 봄과 재생해 봄에 생기는 진리와 거짓의 문제는 나와

너가 동일한 의미를 구성했을 때 그것이 술어화된 의미의 상호 주관적 공유는 체험을 통한 진리의 상호 주관적 확증을 가능하게 한다.

3) 존재와 진리

　의식은 존재하는 것을 보거나, 존재했던 것을 재생해 보거나, 존재하지 않는 것을 존재하는 것처럼 상상해 본다. 무엇이 진리이고 거짓인지에 대해 판단할 때 "존재하는 것이 존재한다고 말하거나 존재하지 않는 것이 존재하지 않는다고 말할 때에는 진리를 말하는 것이고 존재하는 것이 존재하지 않는다고 말하거나 존재하지 않는 것이 존재한다고 말할 때 거짓을 말한다."고 아리스토텔레스는 말하였다. 생각의 진리와 거짓은 존재하는 무엇에 대해 생각한 것이 그 무엇과 맞아떨어질 때 그 생각은 진리이다. 모든 생각의 진리와 거짓을 결정하는 기준은 그 생각이 지금의 것에 향하여 있든 그 생각이 지나간 것에 향하여 있든 존재하고 있는 무엇에 대한 생각이므로 '무엇이 존재한다는 사실'로부터 발생한다. 따라서 존재하고 있다는 사실은 모든 생각의 진리와 거짓을 결정하는 기준이다. 모든 판단의 진리와 거짓 여부는 무엇이 존재한다는 사실이 결정한다. 눈앞에 존재하는 컵을 보면서 이 컵이 예쁘다고 말할 때 예쁘다는 의미가 맞아떨어지는 컵이 눈앞에 존재하고 그 컵이 예쁠 때 이 말은 진리다. 그리고 그 반대는 거짓이다. 눈앞에 존재하지 않으나 이전에 보았던 컵에 대해 그 컵은 예뻤다고 말할 때 그 컵이 눈앞에 존재했고 그 컵이 예뻤다면 지금 말하는 이전의 그 컵에 대한 판단이 이전의 그 컵과 맞아떨어지는 말이므로 이 말은 진리이다. 여기서 중요한 점은 그 컵이 실제로 존재했었고 그 컵이 실제로 예뻤다는 사실이다. 판단에 나타나는 컵에 대한 모든 의미는 그 컵이 실제로 존재한다는 사실로부터 존재하게 된다. 그 컵에 대한 어떠한 의미도 그 컵이 실제로 존재하지 않는다면 진리도 거짓도 존재하지 않게 된다. 실제로 존재하지 않는 것에 대해 마치 그것이 존재하는 것처럼 상상하는 것은 상상하는 것의 의미가 아무리 화려하고 놀라워도 상상하는 것이 실제로 존재하지 않기 때문에 진리가 아니다. 학문은 진리를 추구하고 진리는 그것이 지금 생각하는 활동에서 나오는 것이든 이전에 생각했었던 것에서 나오는 것이든 존재하는 사실의 영역에서부터 길어내지며 존재하지 않는 상상의 영역에서부터 길어내진 의미는 그 의미가 존재하지 않는 것에서부터 길어내졌기 때문에 진리의 영역에 포함되지 않는다. 상상의 영역에서 길어내진 의미는 그것이 거짓일지라도 아름다운 생각의 보물창고이다. 그러나 존재의 영역에서 길어내진 의미는 그것이 거짓일 경우 준수해서는 안 되는 악의 거주지이다. 상상의 영역에 자리 잡은 모든 예술은 그것이 거짓일지라도 아름다운 의미를 창조함으로써 그것을 감상하는 사람의 마음과 성격에 아름다움을 선물한다. 그러나 존재의 영역에 자리 잡은 모든 학문은 그것이 거짓일 경우 그릇된 길의 방향을 제시함으로써 그것을 준수하는 사람의 마음과 성격을 황폐하게 한다.

3

사물의 차별적 관계의 나타남으로서의
위치관계의 나타남

삶의 세계는 지각되는 세계이며 차별적 관계는 삶의 세계에서 나타나는 지각된 차별적 사물들의 관계를 의미한다. 보편적 관계는 차별성이 없어진 본질관계이기 때문에 삶의 세계에서 나타나는 차별적 관계에서는 나타나지 않으며 의식 안에서 본질관계로 들어가 있다. 본질은 차별성에 분유(分有)되어 있으며 분유된 본질은 차별성에 대한 본질이나 그 본질은 의식 안에서만 나타나기 때문에 보편적 관계는 본질관계로서 의식 안에서만 존재한다.

사실은 우연적이어서 변화하지만 본질은 필연적이어서 변화하지 않는다. 우연성은 상관적으로 필연성을 가지나 우연성은 사라지지만 필연성은 사라지지 않는다. 사실은 달리 존재할 수 있으나 본질은 달리 존재하지 않는다. 개체의 동일성은 자기 동일성이나 본질의 동일성은 보편적 동일성이다. 개체의 동일성은 일회적인 동일성이나 본질의 동일성은 영속적인 동일성이다. 본질은 개체 속에 있으며 개체는 본질에 대한 조각을 가진다. 개체 속에 있는 조각은 본질이면서 본질을 있게 하는 성분이다. 의식은 개체들 속에 있는 조각을 결합하여 개체들 간의 본질을 직관한다. 본질은 의식에만 있으나 본질을 있게 하는 성분은 조각으로서 개체 속에 들어가 있다.

사물 A의 의미와 사물 B, C, ……의 의미들의 나타남과 사물 A의 의미, 사물 B, C, ……의 의미들의 위치관계 나타남에서 의미들의 나타남과 의미들의 위치관계 나타남은 의미들의 나타남과 의미들의 위치관계 나타남이 서로서로 따로따로 나타나는 것으로 분리하여 볼 수는 있으나 나타남 속에서 서로서로 연쇄되어 나타나기 때문에 의미들의 나타남과 위치관계의 나타남은 이중적 나타남이다. 의미들의 나타남과 위치관계의 나타남은 나타남 속에서 연쇄되어 있다. 나타남 속에서 연쇄되어 있지 않다면 서로서로 분리하여 따로따로 나타나나 나타남은 나타나는 것이 서로서로 따로따로 나타날 수는 없으며 나타남 속에서 나타나는 것이 나타난다면 나타나는 것들은 서로서로 연쇄되어 나타날 수밖에 없다. 따라서 현상의 나타남은 이중적 나타남이다. 사물들의 의미들의 나타남과 의미들의 위치관계에서 무한히 다양한 관계가 복합적으로 구축되는 나타남이다. 의미들의 위치관계 나타남은 사물들의 위치의 무한히 다양한 복합적 관계에서 의미들의 다양성이 무한히 복합적으로 구축되어 있다. 위치관계의 나타남이란 사물 A가 자리 잡고 있는 위치에서 나타나는 의미 A와 사물 B, C, ……가 자리 잡고 있는 위치에서 나타나는 의미 B, C, ……가 서로서로 관계하고 있는 무한히 다양하고 복합적인 의미들의 위치관계이다. 사물들의 의미들의 나타남과 의미들의 위치관계 나타남은 상호 연쇄되어 나타난다. 사물들의 의미들의 나타남과 의미들의 위치관계 나타남이 상호 연쇄되어 나타나기 때문에 위치관계의 나타남은 이중적 나타남이다. 상호 연쇄되어 나타나는 사물들의 나타남과 의미들의 위치관계 나타남은 위치관계의 나타남과 서로 다른 위치관계의 나타남이다. 사물 A에서 의미 A의 나타남과 사물들의 나타남이 상호 연쇄되어 나타나면서 사물 A에서 의미 A의 나타남과 사물 B에서 의미 B의 나타남이 사물 A의 의미 A와 사물 B의 의미 B와 사물들의 의미들의 나타남이 상호 연쇄되어 새로운 위치관계가 나타난다. 사물들의 의미들의 나타남은 의미들의 위치관계의 나타남의 선행적 존재조건이다. 현상의 나타남은 의미들의 위치관계 나타남이 사물들의 의미들의 나타남에 선행되어 나타난다.

위치관계의 나타남이 원초적 연합과 병행한다. 부분적 마디 a와 대조를 이루는 마디들 b와 c 그리고 연속적인 부분적 마디들의 계열에서 가장 강하게 대조를 이루는 마디 b가 두드러질 때 부분적 마디들 a와 c 그리고 연속적인 부분적 마디들은 위치관계의 나타남을 이루고 있으며 두드러진 부분적 마디 b의 나타남과 부분적 마디들 a와 c 그리고 연속적인 부분적 마디들의 위치관계 나타남은 상호 연쇄되어 나타난다. 상호 연쇄되어 나타나는 두드러진 부분적 마디 b의 나타남과 부분적 마디들 a와 c 그리고 연속적인 부분적 마디들의 위치관계 나타남은 위치관계의 나타남과 서로 다른 새로운 위치관계의 나타남이다. 연속적인 의식의 계열 속에서 두드러진 부분적 마디 b와 유사한 부분적 마디 b´가 연합을 이루는 원초적인 연합이 일어난다. 수동적인 위치관계의 나타남과 원초적인 연합은 마디와 마디 간의 종합이 의미들의 종합을 이끈다. 두드러진 부분적 마디 b와 유사한 부분적 마디 b´는 동일한 사물 내에서의 연합이거나 서로 다른 사물 내에서의 연합이다. 동일한 사물 A 내에서의 원초적 연합에서 마디 a가 동질적 마디 a´를 일깨워서 부분적인 동질적 연합이 일어난다. 동일한 사물 A는 전체이고 마디 a는 부분이다. 전체 A는 하나의 사물로서 형태를 갖는 동일한 의미를 지니지만 부분 a는 다양한 형태를 가지고서 나타나는 마디이기 때문에 동일자로서의 의미가 아니고 다양한 형태로서의 존재이다. 전체로서의 사물 A는 동일한 의미를 지니지만 부분으로서의 마디 a는 동일하지 않고 다양한 형태들의 결집이기 때문에 동일한 의미를 지니지 않고 다양한 존재들의 응결체이다. 전체로서의 사물 A는 의미로 구성된 것이지만 마디 a는 의미로서 구성되기 이전의 것이기 때문에 마디 a는 의미가 아니라 존재이다. 사물 A는 의미이나 마디 a는 존재이다. 동일한 사물 A의 의미 A는 마디 a와 유사한 마디들 a´, a″ ……가 하나로 결집하면서 발생하는 전체이다. 마디 a, b, c, ……와 유사한 마디 a´, b´, c´, ……들의 연합을 통해 사물 A, B, C, ……들의 의미 A, B, C, ……가 발생한다.

동일한 사물 A의 의미 A는 마디 a와 유사한 마디 a들이 하나로 결집하면서 발생하는 전체이다. 마디 a, b, ……와 유사한 마디 a, b, ……의 연합을 통해 사물 A, B, ……들의 의미가 발생한다. 동일한 사물 A와 유사한 사물 A´에 마디 a와 유사한 마디 a´의 연합을 통해 마디 a와 마디 a´ 간의 위치관계 나타남이 발생하며 이 위치관계 나타남의 발생을 통해 사물 A의 의미 A와 사물 A´의 의미 A´ 간의 위치관계 나타남이 발생한다.

원초적 연합은 부분적 동질성의 수동적 종합이며 마디와 마디 간의 위치관계 나타남은 다양한 마디와 마디들의 상호간의 무한히 복합적인 수동적 종합이다. 연합의 현상에는 부분적 동질성의 종합 현상이 발생한다. 부분적 동질성의 종합은 동일한 사물에서의 동일성 종합에 작용하며 동일성의 통일성을 구성하는 데 선구성되어 있다. 동일한 사물 내에서의 부분적 마디 b와 유사한 부분적 마디 b´의 원초적 연합이 일어나야 동일한 사물 B가 노에마적 단적인 대상으로서 주어지게 된다. 잇따르는 의식의 증가 계열 속에서 노에마적 단적인 대상의 의미들이 나타나며 위치관계의 나타남과 새로운 위치관계의 나타남이 발생한다.

사물들의 의미들의 나타남과 의미들의 위치관계에서 나타나는 의미들은 사물의 동일성이 인식되지만 그 의미들이 기초되어 나타나는 미적 가치관계에서 나타나는 의미들은 해석의 동일성과 다양성이 인식된다. 미적 가치관계는 사물에 나타나는 의미들과 의미들의 위치관계에서 나타나는 의미들이 가치 정립하는 지각에서 나타나는 미적 대상의 나타남 그리고 그 나타남에 주어지는 미적 느낌의 의미 부여하는 작용과의 상호 융합 속에서 일어나는 인식관계이다. 수동적인 위치관계의 나타남이 능동적인 위치관계의 나타남을 기초하는 기초적 형태를 부여한다. 수동적인 위치관계의 나타남은 마디와 마디들의 수동적인 관계들의 나타남으로 다양하게 복합적으로 구축되어 연쇄적으로 나타난다. 동일한 사물 A와 유사한 사물 A´에서 마디 a와 유사한 마디 a´의 연합을 통해 마디 a와 a´ 간의 수

동적인 위치관계의 나타남이 발생한다. 이 위치관계의 나타남의 발생을 통해 사물 A의 의미 A와 사물 A´의 의미 간의 능동적인 위치관계의 나타남이 발생한다. 능동적인 위치관계의 나타남은 술어(의미)들과 술어들의 위치관계가 무한히 다양하게 복합적으로 구축되어 연속적으로 나타난다. 새로운 위치관계의 나타남은 실체와 술어의 연쇄된 나타남이다. 실체는 나타나지 않으며 술어를 경험함으로써 실체를 경험하며 술어를 보면서 실체를 본다. 술어는 인식의 대상이나 실체는 인식의 대상이 아니다. 실체가 인식의 대상으로 되는 것은 술어가 인식되는 데 한해서의 실체가 인식의 대상이 됨으로써이다. 세계를 경험하는 자아의 삶은 연쇄된 술어의 나타남을 경험하는 삶이다. 자아는 술어를 담고 있는 실체와 술어를 경험한다.

보이는 것과 보이지 않는 것

1) 보이지 않는 의미와 의미의 나타남

보이는 것이 있기 때문에 보이지 않는 것이 있는가, 아니면 보이지 않는 것이 있기 때문에 보이는 것이 있는가? 생성적 존재자는 보이는 것이 보이는 것을 만들지만 최초의 존재자는 신이 자기의 정신 안에 있는 보이지 않는 모습으로 보이는 최초의 존재자를 창조했기 때문에 존재할 수 있다. 최초의 존재자가 존재했기 때문에 생성적 존재자는 존재할 수 있다. 자연이 보이는 것은 신이 자기의 정신 안에 있는 보이지 않는 자연의 모습으로 자연을 창조했기 때문이다. 도구적 사물이 보이는 것은 그것을 창조한 인간의 정신 안에 있는 보이지 않는 도구의 의미대로 도구를 인간이 창조했기 때문이다. 보이는 것이 존재하는 것은 보이지 않는 것이 존재하기 때문에 가능하다. 보이지 않는 것은 보이는 것을 기초로 해서 보이기 때문에 보이는 것 없이는 보이지 않는다. 그러나 보이지 않는 것이 정신 안에 존재하기 때문에 정신 안에 존재하는 보이지 않는 것을 보이는 것으로 창조함으로써 때문에 보이는 것은 보이게 된다.

의미는 정신 속에 담겨 있다. 의미는 항상 어떤 것에 대한 의미이다. 재생된 의미의 상, 상상된 의미의 상은 지각된 의미의 지각된 대상으로부터 나온다. 지각된 대상은 초월적 대상이며 지각된 의미는 초월적 대상이 존재해야 부여되기 때문에 재생된 상과 상상된 상은 지각된 대상이 존재해야 가능하다. 보이지 않는 의미는 보이는 상을 가지고 있고 보이지 않는 의미의 상은 보이는 초월적 대상으로부터 나오기 때문에 보이지 않는 의미는 보이는 대상이 없이는 존재하지 않는다. 상을 지시하지 않는 의미는 없고 초월적 대상으로부터 나오지 않는 의미가 없다.

보이는 것은 공간을 차지하고 있고 보이지 않는 것은 시간 속에 존재한다. 보이는 물체는 공간 속에 존재하고 보이지 않는 정신은 시간 속에 존재한다. 정신은 시간 속에서 흘러간다. 정신과 물체 사이에 의미가 존재한다. 의미는 보이지 않으나 의미는 보이는 것 없이는 존재하지 않는다. 의미는 항상 어떤 것에 대한 의미이다. 어떤 것은 존재하는 것이나 존재하는 것으로부터 파생된 것이다. 어떤 것은 지각된 존재에 대한 상이거나 재생된 상이거나 기대된 상이거나 상상된 상이다. 상은 의식된 대상에서 보이나 상에 대한 의미는 의식하는 의미로서 보이지 않는다. 의미는 상이 없이는 존재하지 않고 상은 존재하는 것 없이는 존재하지 않는다.

보이는 것으로부터 단절된 봄은 없고 봄은 항상 보이는 것을 본다. 의미는 보이지 않으나 의미는 보이는 옷을 입고 항상 나타난다. 보이지 않는 의미가 보이는 것은 의미를 싸고 있는 보이는 것을 통해서이다. 보이는 것을 통해 보이지 않는 의미를 본다. 보이지 않는 의미는 문자의 옷을 입고 보이지 않는 의미는 음의 옷을 입고 보이지 않는 의미는 사물의 옷을 입고 보이게 된다. 의미가 나타나기 위해서는 의미는 항상 어떤 것을 입고 나타난다. 자연적 사물의 의미는 그것을 창조한 신의 정신 안에 들어 있고 도구적 사물의 의미는 그것을 창조한 인간의 정신 안에 들어 있다. 보이지 않는 정신 안의 의미가 보이는 사물로 나타난다. 신이 나타나기 위해서 신은 자기를 나타내기 위한 어떤 것을 통해 나타난다. 하나님께서는 자기를 나타내기 위해 예수 그리스도로 나타나셨다. 보이지 않는 하나님이 보이는 하나님으로 나타나셨다.

2) 보이지 않는 의미의 생성

보이는 것 없이는 보이지 않는 것이 없다. 보이지 않는 것은 항상 보이는 것을 통해 자기를 알린다. 보이는 것은 공간을 차지하고 있고 보이지 않는 것은 공간을 차지하는 보이는 것으로부터 자기를 알리나 보이지 않는 것은 언제나 시간 속으로 들어와서 시간 속에 존재한다. 사랑하는 물건은 물건으로서 공간을 차지하나 그 물건에 대한 사랑은 그 물건을 사랑하자마자 시간 속으로 들어와서 시간 속에서 존재한다. 사랑은 정신 속에 존재하며 사랑받는 것은 공간 속에 존재한다. 사랑은 보이지 않으나 보이는 사랑 받는 것을 통해 나타나며 보이는 것을 사랑하자마자 보이는 것에 대한 사랑은 시간 속에 존재한다. 사랑은 시간 속에 존재하면서 정신의 활동이 된다. 정신은 시간 속에 존재하며 물질은 공간 속에 존재한다. 물질이 사랑받는 순간 그 사랑은 물질에서 벗어나 시간 속으로 들어와 시간 속에 존재하며 시간 속에 존재하는 정신이 된다. 군 입대를 한 아들의 면회를 온 부모님이 싸 가지고 오신 음식과 통조림을 통해 부모님의 자식에 대한 사랑이 나타나며 그 음식과 통조림은 부모님의 자식에 대한 사랑을 나타낸다. 부모님이 자식에게 주기 위해 음식과 통조림을 찾을 때 자식에 대한 부모님의 사랑이 보인다. 부모님이 자식에게 주기 위해 음식과 통조림을 장만하기 전에는 그 음식과 통조림에는 부모님의 사랑이 보이지 않으며 음식과 통조림은 단순한 물질에 불과하다. 부모님이 자식에게 주기 위해 그 음식과 통조림을 마련할 때 그 음식과 통조림에는 부모님의 자식에 대한 사랑이 보인다. 물질에 사랑이 나타나며 물질에 사랑이 나타나는 순간 사랑은 시간 속에 존재하며 정신이 된다.

　음영 진 대상이 동일성의 통일성으로 통각됨으로써 대상은 의미로 의식 안에 존재하게 된다. 음영 진 대상이 파지에 보유되고 예지에서 예료됨으로써 대상은 의미로 의식 안에 존재하게 된다. 대상의 측면들이 동일성의 통일성으로 통각되지 않는다면 대상에 대한 지식은 형성되지 않으며 대상은 언제나 측면들에 대한 지식으로 남으나 대상에 대한 전면적인 지식이 가능하고 대상에 대한 지식을 마음대로 사용할 수 있는 것은 대상이 동일화되고 동일화된 대상의 의미를 언제나 다시 반복적으로 의식할 수 있기 때문이다.

대상이 동일성의 통일성으로 통각되지 않는다면 대상에 대한 지식은 사라지며 대상에 대한 지식이 없이는 앎의 현상을 설명할 수 없다. 대상의 측면들이 의식 안에 보존되고 예료되는 순간 대상은 의미로서 의식 안에 자리 잡히게 된다. 이것이 보이는 대상의 존재가 보이지 않는 의미로서 의식 안에 보유되는 과정이다. 보유된 대상의 의미를 인식으로써 마음대로 사용하게 되는 과정은 연합의 과정이다. 대상이 동일성의 통일성으로서 의식 안에 존재하게 됨으로써 대상은 의미로서 의식 안에 존재하게 되며 대상의 존재가 의식 안에 의미로서 존재하게 됨으로써 세계는 의식 안에 의미로서 존재하게 된다. 의식은 세계를 의미로서 포함하고 있다.

5

의식 밖의 세계를 의미로 포함하는
의식 안의 세계

의식은 의식 안의 시간의식과 의식 밖의 세계가 들어와 있는 질료와 그것에 부여된 의미가 교직으로 흘러가고 있다. 인간의 일상적인 시선은 의식 밖의 세계에 고정되어 있기 때문에 의식 안의 시간의식과 결합되어 흐르는 질료와 의미들의 연속을 보지 못한다. 의식 밖의 세계에 대한 모든 인식은 시간의식에 의해 결합되어 흐르는 질료들에 대한 의식의 의미부여로 성립한다.

세계는 두 가지가 있다. 의식 밖의 초월적 세계와 의식 안의 내재적인 세계이다. 의식 안의 세계로 의식 밖의 세계를 본다. 의식 안의 세계는 의식 밖의 세계를 의미로서 기초 짓고, 의식 밖의 세계는 의식 안의 세계를 존재로서 기초 짓는다. 전자의 세계가 관념론의 세계이고 후자의 세계가 실재론의 세계이다. 의식은 세계의 부분이 아니라 세계를 의미로 포함한다. 의식은 세계를 떠남으로써 초월적이라는 성격을 벗어던지고 세계를 의식 안에 내재적으로 간직한다. 세계는 존재가 아니라 의미가 된다. 세계는 의식을 넘어서 존재하는 것이 아니라 세계는 의식 안에서 의미로 나타난다. 의식 밖의 세계는 의식 안의 의미로 보이는 세계이다.

환원 이전의 세계는 의식 밖의 세계만이 존재한다고 믿어지는 세계이나 환원 이후의 세계는 의식 밖의 세계가 의식에 의해 부여된 의미로서 대리되는 의식 안의 세계로 보이는 세계이다. 자아는 의식 안에서 구성되는 의미로서 세계를 보나 자연적 의식에서는 그것이 은폐되어 있다. 의식의 자연성을 배제하고 나타나는 초월론적 의식에 의해 의식 밖의 세계가 의식 안의 의미로서 보인다는 것을 깨닫는다. 의식 밖의 세계가 의식 안의 의미로서 보이는 세계가 절대적으로 명증적인 세계이며, 의식 밖의 세계를 자명하게 믿는 의식은 의식 안에서 의미로 보이는 세계가 의식 밖의 세계를 대리한다는 사실을 모르면서 살아간다. 의식 안에서 의식 밖의 세계를 의미로서 보는 의미의 생성이 일어나며 의미의 생성은 의식 밖의 세계를 종합함으로써 의식 안에서 발생한다. 의식 안의 세계에서 일어나는 종합으로서 의식 밖의 세계가 보인다. 의식 안에서 발생하는 종합은 의식 밖에서 측면들로 주어지는 대상이 의식 안에서 동일성의 통일성으로 통각되는 것이다. 의식 밖에서 주어지는 대상의 측면들이 의식 안에서 종합되기 때문에 대상은 의식 안에서 측면들이 통일되어 동일한 의미로 생성된다. 따라서 측면들만 주어지는 의식 밖의 세계가 의식 안에 통일적으로 들어와 주어지며 측면들의 의미들이 통일적으로 종합됨으로써 세계는 의미로서

보인다.[1)]

자아에게 가장 직접적이고 원초적인 현실은 의식 밖의 세계가 아니라 의식 안의 세계이다. 의식 밖의 세계는 의식 안의 세계가 의미로 구성되는 과정을 통해서 비로소 알려진다. 일상적인 시선은 의식 밖의 세계를 일차적이고 직접적인 가장 원초적인 현실로 받아들이나 자아의 인식과정을 반성적으로 분석하면 의식 안의 세계가 먼저 주어져 있고 그것을 인식하는 과정을 통해 비로소 의식 밖의 세계가 알려짐을 알 수 있다. 자아에게 일차적이고 직접적이며 원초적으로 주어져 있는 세계는 의식 밖의 세계가 아니라 의식 안의 세계이다. 자아는 의식 안을 통해 의식 밖을 들여다본다. 의식 밖의 세계가 의식 안에서 흘러간다. 의식 밖의 세계는 의식 안의 세계를 통해 보인 것이다.

의식 밖의 세계가 의식 안의 세계로 보인다면 의식 밖의 세계와 의식 안의 세계가 동일한 것인가? 의식 밖의 세계를 의식이 부여한 의미로 보인 현실이 의식 안의 세계이다. 의식 안의 세계는 의미로서 의식 밖의 세계를 보기 때문에 의미로서 보인 현실인 한에 있어서 의식 안의 세계와 의식 밖의 세계는 동일한 세계이다. 의식 안의 세계와 의식 밖의 세계는 의미로서 동일하지만 실재적으로는 다르다. 실재적으로 다르기 때문에 의식 안의 세계는 의미로서 보여진 X이나 의식 밖의 세계는 존재로서 보여진 초월자이다. 의식 밖의 세계에 대해 규정한 의미로서의 의식 안의 세계로 의식 밖의 세계가 보이므로 의식 안의 세계와 의식 밖의 세계는 의미로서 동일하지만 의식 밖의 세계는 무한한 의미로 규정할 수 있는

---

1) 한전숙, 현상학, 민음사 pp.99 - 101.

미규정적 X를 나타나게하는 초월자라는 점에서 의식 안의 세계와 의식 밖의 세계는 다르다. 규정된 의미에 한해서만 의식 밖의 세계와 의식 안의 세계는 동일하지만 의식 밖의 세계가 아직도 무한히 규정할 수 있는 의미가 미규정된 채로 남아 있는 초월자라는 점에서 의식 밖의 세계와 의식 안의 세계는 다르다.

사물과 인간의 차별성과 보편성

1) 사물의 차별성과 보편성

존재하는 것들은 다양한 가운데 동일한 것을 가지고 있다. 다양한 나무들이 존재하는 가운데 나무의 본질을 가지고 있는 동일한 나무를 볼 수 있다. 차별적 존재의 다양성을 기초로 해서 보편적 본질의 동일성이 나타난다. 책 a와 책 b는 서로 다른 의미와 서로 동등한 의미 그리고 책으로서의 본질을 가진다. 책 a 와 책 b의 의미의 동등성(Gleichheit)으로서 책 a와 책 b의 동등성은 확보되나 책 a와 책 b의 동등성은 책 a 와 책 b만의 동등성이요 모든 책의 동일성(Identitaet)은 확보되지 않는다. 책 a 와 책 b 책 일반의 동일성을 확보하기 위해 책 a 와 책 b······ 등의 무한한 책의 동일성을 확보해야 하며 모든 책의 동일성을 확보해주는 책 일반의 본질이 통찰 되어야만 한다. 책 a 와 책 b의 의미의 동등성과 책 a 와 책 b 의 본질의 동일성은 서로 다르다. 전자의 동등성은 책의 동일성이 아니라 두 권의 책의 동등성이기 때문에 두 권의 책이 다른 책과 동일하다는 것을 알 수 있는 것은 책 a 와 책 b의 본질의 동일성을 파악해야 한다. 책 a 와 책 b…… 등의 본질은 유한한 의미의 동등성이 아니라 책 a 와 책 b……의 무한한 의미의 동일성이며 이 무한한 의미의 동일성이 책의 본질이다. 유한한 의미의 동등성으로는 책 a 와 책 b……를 통해 인식할 수 있는 책의 본질을 인식 할 수 없다. 유한한 수의 대상의 의미의 동등성은 그것과는 달리 있는 대상을 생각할 수 있기 때문에 유한한 수의 대상의 의미의 동등성과 무한한 수의 대상의 본질은 서로 다르다. 책 a 와 책 b의 푸른 색깔의 의미의 동등성은 그것과는 다른 색깔의 의미를 가진 책 c 를 생각할 수 있기 때문에 그것과는 다른 색깔을 가진 대상을 생각할 수 없는 책의 푸른 색깔의 본질과는 다르다.

다양성 가운데 동일성을 보유하고 있는 것은 인간도 마찬가지이다. 개체의 육체의 현상은 다양하나 다양한 육체의 현상 가운데 차별적 다양성과 보편적 동일성을 가진 정신을 본다. 그러나 물질로서 존재하는 것들이 다양한 가운데 동일한 것을 가지고 있는 것과 인간으로 존재하는 개체가 다양한 가운데 동일한 것을 가지고 있는 것은 서로 다르다. 물질의 다양성은 존재의 다양성이고 물질의 동일성은 본질의 동일성이다. 물질이 다양하게 존재하는 것은 물질 자체의 존재성격이며 물질이 동일하게 존재하는 것은 물질 자체의 성격이 아니라 그것을 바라보는 인간의 의식에 들어와 있는 것이다. 차별적 물질의 다양성이 보편적 동일성으로 의식에 나타난다. 물질의 다양성은 물질이 가지고 있으나 물질의 동일성은 물질이 가지고 있는 것이 아니라 인간의 의식이 보편적 동일성을 보기 때문이다. 그러나 인간이 다양하게 존재하는 것은 인간 자체의 성격이면서 인간이 동일하게 존재하는 것도 인간 자체의 성격이다. 인간은 차별적이면서 동시에 보편적이다.

2) 차별적 육체에 상속된 차별적 정신과 상속되지 않은 차별적 정신

개체의 육체의 다양성은 개체가 가지고 있으나 개체의 정신은 보편적으로 동일한 의미를 가지는 의미의 동일성을 추구하면서 의미의 동일성을 형성하는 보편적 정신이다. 개체의 다양성은 육체의 차별성이면서 차별적 정신의 다양성이요, 개체의 동일성은 차별적 정신의 동일성이다. 차별적 정신의 다양성은 타자와 구별되는 차별성의 다양성이고, 차별적 정신의 동일성은 타자와 구별되는 개체의 차별적 정신의 동일성이다. 개체의 정신은 개체의 육체에 상속(相屬)된 정신과 개체의 육체에 상속되지 않은 정신이 있다. 다양하게 존재하는 개체들의 동일성은 보편성의 동일성이며 동일한 보편성은 다양하게 존재하는 차별적 개체에 들어가 있다. 다양하게 존재하는 개체의 동일성은 보편성이 빠져 있는 차별적 정신의 동일성이며 다양하게 존재하는 개체 보편성의 동일성은 보편화된 무차별적 동일성이다. 자아의 육체의 다양성은 보편성이 없는 차별적 개체의 차별성이며, 자아의 정신의 동일성은 차별적 정신의 동일성이면서 보편화된 무차별적 동일성이다. 자아의 보편성이 결여된 차별적 육체의 다양성에 차별적 정신의 동일성과 보편화된 무차별적 동일성인 자아의 정신이 들어가 있다. 자아의 육체에 상속된 정신은 자아의 개체화된 차별적 정신이며 자아의 육체에 상속되지 않은 정신에는 자아의 육체에 상속되지 않는 차별적 정신과 자아의 차별적 삶에 나타나는 보편화된 정신 그리고 무차별화된 보편정신이 있다. 자아의 육체에 상속된 정신은 차별적 개체의 정신이며 자아의 육체에 상속되지 않은 차별적 정신과 차별화된 보편정신 그리고 무차별화된 보편정신이다. 자아의 육체에 상속된 차별적 정신은 육체의 모습이 정신화되고 정신의 모습이 육체화되어 육체와 정신은 동질적이 된다. 자아의 육체에 상속되지 않는 차별적 정신은 육체의 모습과는 무관한 마음의 모습과 성격의 나타남이다. 인간의 삶은 차별적 정신의 차별적 마음과 성격에 따라 보편적으로 동일하지 않고 각기 서로 다양하기 때문에 차별적이다. 인간의 삶은 차별적 육체의 방위 중심(Orientierung)에 따라 서로 다양하게 체험되는 삶이기 때문에 차별적이다.

무차별적 동일성인 보편정신은 차별적 다양성인 개체의 정신을 떠나 있는 것이 아니라 자아의 차별적 정신 안에 자아의 육체에 상속되지 않는 무차별적 보편정신이 들어가 있다. 차별적 보편성과 무차별적 보편성을 포함하는 보편성은 차별적 육체의 현상과는 관계없이 정신의 현상만을 지시하는 것과는 달리 차별성은 육체의 현상과 정신의 현상이라는 두 개의 세계에 거주한다. 육체의 현상만을 지시하는 차별성이 있고, 차별적 육체에 상속된 차별적 정신이 있으며, 차별적 육체에 상속되지 않는 차별적 정신이 있다. 차별적 육체에 나타나는 현상이 차별적 정신과는 무관한 육체의 현상만을 지시하는 차별성이 있다. 차별적 육체의 현상과 차별적 육체에 상속된 차별적 정신은 서로서로 상속하면서 상호 작용을 일으킨다. 차별적 육체의 현상만을 지시하는 차별성과 차별적 육체의 현상과 상호 작용을 일으키는 차별성이 있다는 것, 즉 차별성이 어떤 개체에게는 차별적 육체의 현상만을 지시하고 어떤 개체에게는 차별적 육체의 현상이 차별적 정신을 지시한다는 것은 차별성이 차별적인 까닭이다.

차별적 정신은 차별적 삶속에서 나타나는 세계현상을 체험하는 정신이며 차별적 삶속에서 차별적 마음과 성격으로 활동하는 정신이다. 차별적 정신은 차별적 삶속에서 나타나는 세계현상을 차별적 의미로 구성하거나 차별적 정신은 차별적 삶속에서 차별적 마음과 성격으로 나타난다. 차별적 의미는 차별적 삶속에서 구성된 세계현상으로 나타나거나 차별적 마음과 성격이 활동하면서 나타나는 의미이다. 마음과 성격에 나타나는 차별적 의미는 구성된 의미가 아니라 마음과 성격이 활동하면서 나타나는 의미이다. 정신은 차별성, 차별적 보편성, 무차별적 보편성을 구성하는 층으로 구별되며, 그것이 구성하는 각 의미는 차별적 의미, 차별적이고 보편적인 의미, 무차별적 보편적 의미를 나타내며 차별적 의미는 차별적 체험현상과 일치하며, 차별적이고 보편적 의미는 보편적 의미가 차별적 삶에 나타나는 행위와 일치하거나 차별적 삶이 보편적 의미가 나타나는 언어 현상과 일치하며, 무차별적 보편적 의미는 그것이 나타내는 언어 현상과 일치한다. 차별적 의미는 언어로 나타나나 언어로 나타난 차별적 의미는 차별성이 사라지고 보편화된 의미로 생겨난다. 차별적 의미는 언어로 나타나기 이전에는 차별적 삶 속에 살아 있고 언어로 나타나면 차별적 삶의 모습이 사라지고 의사소통을 위한 상호 주관적 의미로 나타난다. 차별적 육체의 현상에 상속된 차별적 정신이 차별적 육체의 현상으로 나타나는 것과 같이 차별적 육체의 현상에 상속되어 있지 않은 차별적 정신도 차별적 육체의 현상에 나타난다. 자아의 육체에 상속되어 있지 않는 차별적 정신은 자아의 차별적 마음과 차별적 성격으로 나타나며 자아의 육체에 마음의 표정과 성격의 현상으로 나타난다.

3) 육체화 된 차별적 정신의 현상과 정신화 된 차별적 육체의 현상

차별적 육체가 자아에 의해 주시되지 않기 때문에 자아는 자기의 차별성에 대해 거의 무지하며, 자아의 차별성은 타자에 의해 주시되고 관찰되어 타자와 구별되는 자아의 차별성이 타자에 의해 인식된다. 자아의 삶은 자아의 차별성에 대해 관심을 두지 않는 삶이나 타자의 삶은 자아의 차별성을 경험하면서 사는 삶이다. 자아의 인격은 차별적 육체에 상속된 차별적 정신에 나타나거나 차별적 육체에 상속되어 있지 않은 차별적 정신에 나타나며 무차별적 보편성은 자아의 인격이 차별적이기 때문에 자아의 인격과는 상관없는 보편적 문화현상이다. 타자의 차별적 육체에 상속된 차별적 정신에 인격이 있다고 판단되는 것은 차별적 정신이 나타나는 차별적 육체에 상속된 차별적 의미에 타자의 차별적 인간됨이 나타나는 경우이기 때문에 차별적 정신이 상속되어 있는 차별적 육체의 현상에 인격이 나타난다. 육체에 나타나는 차별적 의미는 육체의 모습, 얼굴의 생김새, 말의 억양과 음색과 사투리, 차별적 거동과 행위의 모습 등이며 정신에 나타나는 차별적 의미는 차별적 성격과 마음이다. 타자의 차별적 육체에 상속된 차별적 정신이 차별적 의미로 나타날 때 차별적 인간됨이 있는 경우는 육체의 모습이 정신화된 현상으로 나타나고 정신의 모습이 육체화된 현상으로 나타남으로써 되어 육체와 정신이 동질적이 된 경우이기 때문에 차별화 된 육체의 모습, 얼굴의 생김새, 말의 억양과 음색과 사투리, 차별적 거동과 행위의 모습 등이 차별화 된 의미로 나타나는 경우이다. 육체의 모습이 정신화 된 현상으로 나타나는 경우가 인식되는 것은 육체의 모습에 타자의 차별적 정신이 차별적 의미로 된 이미지가 나타나는 장면이고 정신의 모습이 육체화 된 현상으로 나타나는 경우가 인식된 것은 육체의 모습에 나타나는 차별적 의미로 된 이미지가 육체의 모습과 연합되어 나타나는 장면이다. 차별적 의미가 언어의 옷을 입고 나타날 경우 차별적 의미가 언어 속에 나타나지 않으며 차별적 의미가 나타나는 차별적 삶의 장면이 차별적 삶의 다양성만큼 무한히 다양하기 때문에 차별화 된 육체의 모습이 차별화 된 정신의 모습으로 나타나는 장면은 언어로서는 나타나지 않으며 차별적 삶의 장면을 직접 직관함으로써 이루어진다.

사물과 색깔의 구성

1) 지각과 사물의 구성

　언어적 표현의 근원형식은 'S는 P다.'이다. 'S는 P다.'는 지각판단이다. 모든 언어적 표현은 지각판단에서 시작된다. '이 종이는 희다.'라는 판단은 '흼'이라는 의미(p)가 구성되지 않고는 형성되지 않는다. 이 종이는 실체로서 경험되나 이 종이에 대한 흼이라는 의미가 구성되지 않고는 '이 종이는 희다.'라는 판단이 형성되지 않기 때문이다. 의미(술어) 구성의 가장 원초적인 부분이 색깔에 있다면 색깔의 구성은 언어로 나타나는 모든 이론적 작업의 근거이다. 지각에서 주어지는 대상은 색깔과 형태에 따라 의미가 부여된다. 지각에서 주어지는 대상은 색깔과 형태에 따라 차별적 의미가 부여된다. 사물 A는 차별적 의미가 구성됨에 따라 다른 사물 B, C 등과 차별적으로 구별된다. 사물 A의 차별적 의미는 색깔과 형태에 따라 다른 사물 B, C 등과 구별되는 하나밖에 없는 차별성을 갖는다. 사물의 정체성은 시간적으로 자기 동일성을 가지며 공간적으로 다른 사물과의 차별성을 갖는다. 사물의 색깔은 시간적 자기 동일성을 가지면서 공간적으로 다른 사물의 색깔과 구별되는 차별성을 갖는다. 시간적인 자기 동일성은 지각과 상기의 교대적인 확인 속에서 동일화되는 것이다. 지각에서의 동일성 확보가 지각과 상기에서의 교대적인 동일화를 가능하게 해 준다. 지각에서의 주어진 책상은 보이는 앞면과 보이지 않는 뒷면을 가지고 음영 지어 주어져 있다. 몸을 움직여 책상의 뒤로 돌아가면 보이는 앞면은 다시 보이지 않고 보이지 않는 뒷면은 보이게 된다. 조금 전에 보였으나 보이지 않는 앞면은 의식에서 사라진 것이 아니라 의식이 보유하고 있다. 의식은 조금 전에 보였으나 보이지 않는 앞면을 아직도 파악하고 있다. 조금 전에 보였으나 지금은 보이지 않는 앞면은 지금 보이고 있으나 조금 전에는 보이지 않았던 뒷면과의 유사성 연합으로 의식 안에 일깨워진다. 파지에 보유된 조금 전에 보였던 앞면은 조금 전에 보이지 않았으나 지금 보이는 뒷면과의 유사성 연합으로 의식에 일깨워진다. 그래서 조금 전에 보였으나 지금 보이지 않는 앞면이 다시 보이게 된다. 이러한 몸의 움직임과 의식에 주어지는 대상의 소여방식에 따라 의식은 유사성의 연합으로 대상에 대한 전면적인 앎을 가지게 된다. 지각에서 지금은 보이지 않으나 아까 보았던 책상의 뒷면이 보이는 것은 아까 보았던 책상의 뒷면을 상기함으로써 이다. 상기는 지각에서 사물의 동일성을 확보하는 데 작용한다. 지금 보는 방 안 책상의 색깔과 형태와 이후에 방에서 나가서 그 방 안의 책상을 다시 떠올릴 때 상기되는 책상의 색깔과 형태는 이전에 자주 보았던 그 책상의 색깔과 형태와 겹쳐져서 동일화되는 것이다. 따라서 지각에서 보는 색깔과 형태는 상기에서 보는 색깔과 형태와 교대적으로 확인되며 지각에서의 색깔과 형태가 상기에서의 색깔과 형태와 동일화되면서 다시 새로 보는 지각에서 색깔과 형태가 확증된다.

2) 색깔의 차별적 정체성과 동일성

붉은 장미를 보고 붉음의 본질을 직관할 때 붉은 장미의 붉음이라는 본질은 다른 붉은 장미의 붉은 색과 다르고 다른 붉은 색을 가진 사물의 붉은 색과도 다르다. 붉은 색은 붉은 색을 가진 사물마다 각양각색으로 다르기 때문에 '이것이 붉은 색이다' 라고 규정할 수 있는 붉은 색의 의미는 존재하지 않는다. 붉은 색을 가진 각기 다른 사물들의 붉은 색의 본질은 파악 할 수 있으나 붉은 색의 본질과 서로 다른 붉은 색의 노에마가 또 다시 다르다. 붉은 색의 본질은 각각의 붉은 색을 사상한 붉은 색이라는 색깔의 본질이나 각각의 붉은 색들은 각각 다른 붉은 색이며 붉은 색의 본질과 또 다른 붉은 색들이다. 붉은 색을 가진 사물의 붉은 색의 본질을 파악함으로써 얻어진 것은 각각의 붉은 색의 서로 다른 차별적 의미를 가진 붉은 색의 노에마가 아니라 노에마에 공통된 색깔이다 노에마에 공통된 색깔은 노에마에 기초하고 있고 노에마의 차별성을 사상한 것이므로 눈으로 보는 노에마의 차별적 의미와는 다른 붉은 색의 본질이다. 따라서 붉은 색이라는 의미의 표준적 색깔은 알 수 없는 색깔이다. 붉은 색의 본질은 눈으로 보는 차별적 사물의 세계에서는 없으나 눈으로 보는 차별적 붉은 색에 무한히 공통된 붉은 색 일반을 보는 의식 안에만 있으며 붉은 색의 차별적 노에마의 표준적인 의미는 없고 각기 다르기 때문이다. 붉음의 본질과 서로 다른 붉은 색의 노에마는 또 다시 서로 다르기 때문에 붉은 색의 표준적 색깔은 없다.

사물의 정체성의 제일 조건은 색깔이다. 형태에 따라 색깔이 연장되는 것이 아니고 색깔의 연장에 따라 형태가 모습을 나타내기 때문이다. 색깔로써 사물을 지각하고 색깔이 사물의 연장을 나타낸다면 사물은 색깔로서 밖에는 나타나지 않는다. 사물이 색깔로서 나타난다면 색깔은 사물의 정체성의 표식이다. 사물의 정체성은 시간적으로 자기 동일성을 가지며 공간적으로 다른 사물과의 차별성을 가진다. 사물의 색깔은 시간적 자기 동일성을 가지면서 공간적으로 다른 사물의 색깔과 구별되는 차별성을 갖는다. 색깔의 시간적 자기 동일성은 지각과 상기의 교대적 확인 속에서 확증가능하나 다른 사물과의 색깔의 공간적 차별성은 색깔의 자기 동일성을 보증하지 못한다. 색깔의 시간적 자기 동일성은 개체의 자기 동일성이기 때문에 색깔의 정체성을 확보해 주나 색깔의 다른 사물과의 공간적 차별성은 자기 동일성이 유사하기 때문에 색깔의 정체성을 확보해 주지 못한다. '이것이 붉은 장미이다.'라고 말할 때 붉은 색깔은 표준적인 붉은 색깔로 보는 것이 아니라 붉은색에 포섭되는 여러 붉은 색깔 가운데 하나로서의 붉은색을 본다. 표준적인 붉은색의 하나로서 붉은색을 판단하는 것이 아니라 붉은 색깔의 스펙트럼 가운데 여러 붉은 색깔의 하나로서 붉은색을 판단한다. 서로 다양한 붉은색들의 스펙트럼은 각각이 붉은색의 자격을 가지며 어느 색깔이 붉은색의 표준이며 나머지는 붉은색이 아니라고 말하지는 않으며 어느 색깔이 붉은색에 가깝다고 표현하지는 않는다. 붉은 사과, 붉은 장미, 붉은 홍조 등은 제각기 붉은색으로서의 자격을 가지며 그중 하나만이 붉은색이며 나머지는 붉은색이 아니라고 말하지는 않는다. 붉은 사과의 붉은색을 보고 붉은색을 안 사람이 붉은 장미를 보고 이 장미는 붉은색이 아니라고 말해서는 안 된다. 붉은 사과의 붉은색도, 붉은 장미의 붉은색도, 붉은 홍조의 붉은색도 모두 다 붉은색이며 그중 하나만이 붉은색이고 나머지는 붉은색이 아니라고 말할 수는 없다. 따라서 색깔의 차별적 정체성은 존재하지 않는다.

색깔의 차별적 정체성은 존재하지 않으나 색깔의 차별적 동일성은 존재한다. 붉은색은 붉음을 가진 다양한 붉은색으로 나타나기 때문에 붉은색의 차별적 정체성은 존재하지 않지만 붉은색을 가진 사물의 동일성을 확보하는 붉은색은 다양한 붉은색을 가능하게 하는 사물의 정체성의 표식으로 존재하는 동일성이다. 색깔의 차별적 동일성이 존재해야 색깔의 차별적 정체성이 존재하지 않기 때문이다. 존재하는 색깔의 차별적 동일성이 그 색깔의 다양한 차별성을 가능하게 하기 때문에 색깔의 차별적 동일성은 색깔의 차별적 정체성이 존재하지 않음을 가능하게 하는 존재의 조건이다. 붉은색의 다양한 차별성이 존재함은 붉은색의 다양한 차별성이 가능한 붉은색의 동일성이 존재해야 가능하기 때문이다. 사물의 색깔은 사물의 정체성과 동일성을 일치하지 않게 하고 사물의 정체성과 사물의 동일성을 갈라지게 한다. 사물이 색깔로 나타나기 때문에 색깔은 사물의 정체성의 표식이나 붉은 색깔을 가진 사물의 동일성은 색깔에 의한 사물의 정체성이 존재하지 않기 때문에 붉은 색깔의 상호 비교에 의해 동일성이 확보되는 것이 아니라 사물의 시간적 동일성을 구성함으로써 가능해진다. 색깔은 그 색깔을 가진 사물의 정체성이 존재하지 않음을 알려 주나 색깔은 그 색깔을 가진 사물의 동일성이 존재함을 그 색깔을 가진 사물의 시간적 동일성을 구성함으로써 가능해진다. 사물이 시간적 자기 동일성을 가지는 한 사물의 색깔은 정체성과 동일성이 일치하나 사물이 유사한 색깔을 가진 색깔의 스펙트럼 속의 한 색깔로서 인식되는 한 사물의 색깔은 정체성과 동일성이 일치하지 않는다. 사물의 정체성과 동일성이 일치하는 한 색깔은 그 사물의 정체성의 표식이 아니다. 사물의 정체성과 동일성이 일치하는 것은 그 사물의 시간적 동일성이 구성되는 경우이고 사물의 정체성과 동일성이 일치하지 않는 것은 그 사물의 색깔이 그 색깔의 스펙트럼의 부분으로서 존재함으로써 색깔의 차별적 정체성이 존재하지 않는 경우이다. 시간적 동일성이 존재해야 차별적 정체성이 존재하지 않음은 차별적 정체성이 존재하지 않음이 차별적 유사성의 스펙트럼이 존재할 수 있는 그 색깔의 차별적 동일성들이 존재하기 때문이다. 정체성은 공간적 동일성이요, 동일성은 시간적 정체성이다. 차별적 정체성이 존재하지 않음은 공간적 동일성이 존재하지 않음이요, 시간적 정체성이 존재함은 시간적 동일성이 존재함이다.

색깔의 공간적 차별성에는 정체성이 없고 색깔의 시간적 동일성에는 정체성이 있다. 따라서 색깔의 공간적 차별성에는 진리가 없고 색깔의 시간적 동일성에는 진리가 있다. 진리는 지성과 사물의 일치이다. 색깔의 공간적 차별성에는 색깔이 나타내는 의미의 동일성과 일치하는 색깔이 차별적 유사성으로 존재하기 때문이며 색깔의 시간적 동일성에는 색깔이 나타내는 의미의 동일성과 일치하는 색깔이 자기 동일자로 존재하기 때문이다. 말을 하는 사람과 말을 듣는 사람이 눈앞에 있는 붉은 장미를 보면서 "이 붉은 장미가 아까 꽃집에서 본 바로 그 장미가 아니니?"라고 붉은 장미에 대한 의미를 전달할 때 말하는 사람의 의식 속에 있는 붉은 장미의 의미와 듣는 사람의 의식 속에 있는 붉은 장미의 의미는 동일한 붉음을 가진 장미로 일치하면서 말을 하는 사람과 말을 듣는 사람이 표상하는 붉은 장미가 지금과 이전의 시간적 차이에 따라 동일한 장미로 일치하기 때문에 두 사람의 의식 속에서 표상되는 붉은 장미의 의미는 진리로서 성립한다. 말을 하는 사람과 말을 듣는 사람이 눈앞에 없는 붉은 장미를 의식 속에서 표상하면서 "붉은 장미가 예쁜 꽃이라고 생각하니?"라고 말할 때 말을 하는 사람의 의식 속에서 표상된 붉은 장미의 의미와 말을 듣는 사람의 의식 속에서 표상된 붉은 장미의 의미가 붉은 장미의 붉음과 붉음으로 연장된 붉은 장미의 형태가 다르기 때문에 두 사람의 의식 속에서 표상된 의미는 서로 다른 붉은 장미와 일치하기 때문에 진리로서 성립하지 않는다. 두 사람의 의식 속에서 표상된 붉음의 정체성이 서로 다름으로써 두 사람의 의식 속에서 표상된 붉음의 의미가 일치하는 붉은 장미가 다르기 때문이다.

8

차별적 의미와 언어화된 보편적 의미

1) 언어와 경험

　자아에게 인식가능한 세계는 언어에 의해 표상가능한 세계이다. 언어화되지 않은 세계는 표상되지 않은 세계이기 때문에 인식불가능한 세계이다. 그러나 자아에게 인식가능한 세계는 언어에 의해 표상가능한 세계뿐만 아니라 언어화되기 이전에 경험에 의해 표상된 세계를 포함한다. 세계는 언어에 의해 표현되기 이전에 그 자신을 의식에게 의미로서 밝힌다. 의식에 의해 의미화된 세계는 언어에 의해 표현되기 이전에 의식에 의해 표상된 경험의 세계이다. 세계는 말로 자기 자신이 지시되기 이전에 뜻으로 자기 자신을 의식에게 밝힌다. 빨간 전화기를 보고 빨강이라는 색깔을 문자로 '빨강'이라고 언어화하기 이전에 빨강이라는 색깔을 체험한다. 언어는 언제나 의미와 결합되어 있으나 의미는 언어와 결합되지 않고 경험될 수 있다. 생각에는 의미로 진행되는 생각과 언어로 진행되는 생각이 있다. 생각은 언어와 결합되지 않은 체험된 의미만으로 진행되거나 의미가 언어로 결합된 언어로 진행되거나 이다. 의미로 진행되는 생각이 없었다면 언어로 진행되는 생각은 일어날 수 없다. 의미로 진행되는 생각과 언어로 진행되는 생각을 이어 주는 생각은 지각판단(P. S), 경험판단(F. T. L), 직접판단(C. M)이다. 지각판단, 경험판단, 직접판단은 'S는 p다.'로 표현되며, 언어와 경험이 만나는 접점이다. 의미로 진행되는 생각이 없어도 언어로 진행되는 생각은 일어난다. 그러나 발생적으로 볼 때 의미로 진행되는 생각이 없었다면 언어로 진행되는 생각도 없다. 언어로 진행되는 생각을 가능하게 하는 것은 의미와 언어를 이어 주는 지각판단이며, 지각판단은 의미(p)의 구성없이는 불가능하기 때문이다.

언어는 세계를 고정된 틀로서 자아에게 제시하지만 언어화되기 이전의 경험은 고정된 틀에서 벗어나 자유로운 창조적 상상력으로 세계에 대한 의미를 의식에게 제시한다. 언어는 의미를 구속하지만 경험은 의미를 창조한다. 세계는 언어의 옷을 입힌 의미로 나타난다. 세계를 보여 주는 의미는 언어의 틀이 없이는 세계를 나타내지 못한다. 세계를 보여 주는 창조적 의미 활동은 언어화되기 이전의 경험에서 생성되지만 창조된 의미가 인식으로 자리잡는 것은 언어화되어서야 가능하다. 세계는 의미로 자기 자신을 보여 주며 언어로 자기 자신을 나타낸다.

2) 차별적 의미와 본질

사물 A의 빨간색과 사물 B의 빨간색은 유사하지만 서로 동일하지 않는 차별적 의미를 가지며 사물 A의 빨간색은 존재하는 그 외 모든 사물의 빨간색과 자연과학적 관찰로서도 현상학적 체험으로서도 서로서로 같지 않은 차별적 동일성을 가진다. 사물 A의 차별적 의미는 존재하는 모든 사물의 차별적 의미에 대한 자기 동일적 차별성을 가지며 모든 사물은 각각의 사물에 대해 서로서로 차별적 동일성을 가지기 때문에 서로서로에 대해 차별적 다양성을 가진다. 탁자 a는 탁자 a´, 탁자 a″ 등과는 구별되는 탁자 a에만 고유한 일회적인 차별적 다름을 가지고 있으며, 탁자 a는 탁자 a´, 탁자 a″ 등과 차별적 다름을 제거한 보편적으로 동일한 같음을 가지고 있다. 탁자 a에 대한 인식은 차별적 다름과 보편적 같음을 함께 파악하는 인식이며, 탁자 a에 대한 차별적 다름의 인식이 탁자 일반에 대한 보편적 같음의 인식을 기초한다는 것은 훗설의 견해이며, 탁자 일반에 대한 보편적 같음의 인식이 탁자 a에 대한 차별적 다름의 인식을 기초한다는 것은 플라톤의 견해이다. 우리가 언어로 이루어지는 의사소통을 통해서 서로 간의 주고받는 언어의 의미를 이해하는 것은 그 언어의 의미가 지시하는 차별적 다름을 알기 때문이 아니라, 그 언어의 의미가 지시하는 보편적 같음을 알기 때문이다. 차별적 다름은 개체 a가 개체 a´, 개체 a″와 구별되는 개체 a만의 차별성이기 때문에 전달하는 자의 의식에서만 타당한 차별적 의미를 지니며 상호 이해가 가능한 보편적 의미를 갖지 못한다. 개체 a에 관한 언어의 의미가 개체 a에만 고유한 차별적 의미가 아니라 대화에서 주고받는 언어의 의미가 개체 a에 관한 보편적 의미일 때에만 대화를 통한 상호 이해가 가능해진다. 차별적 의미는 자아의 의식에 갇혀 있는 의미이며 보편적 의미는 자아와 타자를 정신적으로 이어 주는 상호 주관적 의미이다.

　자아는 타자와 시간적, 공간적으로 떨어져 있으나 시간적, 공간적으로 떨어져 있는 타자와 함께 소유하는 세계는 본질의 세계를 소유함으로써 이다. 서울의 어떤 강의실에서 A가 보고 있는 공책의 흰 색깔의 흼과 뉴욕의 한 강의실에서 B가 보고 있는 공책의 흰 색깔의 흼은 그것이 서울의 이 공책과 뉴욕의 저 공책과의 차별적 의미의 상이성과는 독립적으로 A와 B가 동일한 흼이라는 본질을 봄으로써 동일한 본질의 세계에 들어가 살고 있다. A와 B가 보고 있는 공책은 서로 다른 공책이고 공책의 노에마도 서로 다른 노에마이기 때문에 A와 B가 서로 보고 있는 공책과 그 공책의 노에마에 들어가 사는 세계는 A의 세계와 B의 세계가 서로 다른 세계이지만 A와 B가 공책의 흰 색깔의 흼을 볼 때에는 서로가 동일한 본질의 세계에 들어가 살게 된다. 서울의 A와 뉴욕의 B는 차별적으로는 서로 다른 세계에 들어가 살고 있지만 본질 보편성으로서는 서로 동일한 세계에 들어가 살고 있다.

3) 의미와 본질의 이율배반

　서로 다른 책상 A와 책상 B를 보면서 서로 다른 차별적 의미를 보기 때문에 책상 일반의 본질을 볼 수 없다. 서로 다른 책상 A와 책상 B를 보면서 차별성을 주목하지 않고 책상을 동일하게 이어주는 책상 일반의 본질을 봄으로써 책상 A와 책상 B는 서로 다른 책상으로서가 아니라 책상 일반이라는 무한히 다양한 책상에 공통된 본질을 본다. 책상 A를 보면서 책상 A가 다른 사물과 구별되는 차별적 의미를 가지고 다른 책상과도 구별되는 차별적 의미를 지니는 책상 A로서 인식하는 것은 책상 A의 차별성을 인식함으로써이다. 책상 A의 정체성은 책상 A만이 가지는 차별적 의미를 지니는 하나밖에 없는 사물로서의 책상 A이지만 이 책상 A가 하나밖에 없는 사물로서의 책상 A가 아니라 모든 책상에 공통된 책상 일반의 본질을 파악해야 책상 A가 다른 사물과 구별되고 자기의 차별적 노에마적 의미와 다른 책상의 차별적 노에마적 의미와도 구별되는 이 책상 A를 책상이게끔 하는 공통된 본질로서의 책상을 볼 수 있다. 차별적 의미를 지닌 책상 A가 다른 사물과 구별되고 다른 책상과도 구별되는 차별적 정체성을 갖는 것은 책상 A가 다른 사물과 구별되고 다른 차별적 책상과도 구별되는 책상 일반의 본질을 통찰함으로써 가능하다. 차별적 의미를 지닌 책상 A가 다른 사물과 구별되고 다른 책상과도 구별되는 차별적 정체성을 갖는 것은 책상 A가 다른 사물과 구별되고 다른 책상과도 구별되는 책상 일반의 본질을 통찰함으로써 가능한 것이 아니라 책상 A의 차별적 의미를 갖기 때문에 가능하다. 따라서 의미와 본질은 정체성을 서로 상반되게 정립시키는 이율배반의 성격을 갖는다.

4) 차별적 의미와 언어화된 보편적 의미

언어의 의미는 체험을 통해 구성된 차별적 의미가 언어화되면서 보편적 의미로 형성되는 것이다. 차별적 의미가 보편적 의미로 될 때 차별적 의미들의 다양성은 보편적 의미의 타당성에 은폐되어 있다. 보편적 의미가 타당할 때 보편적 의미에 은폐되어 있는 차별적 의미들의 스펙트럼은 다양하지만 차별적 의미들의 스펙트럼으로서 존재하는 차별적 다양성이 추상적 동일성으로 형성되어 보편적 의미는 보편적 동일성으로서 나타난다. 언어에 나타난 보편적 의미는 추상적 동일성으로서 의사소통이 가능하거나 차별적 의미의 유추로서 의사소통이 가능하며 차별적 의미의 다양성은 언어로 된 보편적 의미의 추상적 동일성을 형성시킨다. 언어현상만을 주목할 때 언어화 된 보편적 의미가 차별적 의미들과의 일치여부를 떠나 추상적 동일성으로서 존재하기 때문에 보편적 의미가 추상적 동일성과 일치함으로써 의사소통의 정당성이 확보됨으로 보편적 의미는 진리로서 성립한다. 언어현상과 체험현상이 맞아 떨어질 때 보편적 의미가 경험됨으로써 보편적 의미를 담고 있는 추상적 동일성과 시간적 동일자와 맞아 떨어질 때 보편적 의미는 진리로서 성립한다. 언어현상과 체험현상이 맞아 떨어지지 않을 때 보편적 의미는 은폐된 차별적 의미와 일치하지 않음으로써 보편적 의미는 진리로서 성립하지 않는다.

보편적 의미는 은폐되어 있는 차별적 의미와의 일치 여부를 확증할 때 보편적 의미와 일치하는 차별적 의미가 의사소통되는 자아들 사이에서 서로 다르기 때문에 진리가 성립되지 않지만 보편적 의미가 의사소통되는 장면에서 그것을 나타내는 추상적 동일성을 주고받을 때 보편적 의미가 추상적 동일성과 서로 일치하기 때문에 보편적 의미는 진리로서 성립된다. 차별적 유사성을 구성하는 차별적 의미들의 유사성이 체험들 속에서 무한히 겹쳐짐으로써 차별적 유사성의 차별성이 없어지고 차별성이 없어짐으로써 유사성은 추상화된 동일성으로서 통일적으로 겹쳐진다. 유사성의 비슷한 성격은 차별성으로 인해 발생함으로 차별성이 없어짐으로써 유사성의 비슷한 성격이 사라지며, 그럼으로써 유사성은 추상화되고 추상화됨으로써 유사성은 동일성이 된다. 따라서 차별적 유사성은 체험 속에서 추상적 동일성이 된다. 차별적 의미들은 언어에 들어오면서 보편적 의미가 되며, 언어에 들어온 보편적 의미의 타당성의 발생적 근거는 보편적 의미가 보편적 의미에 은폐되어 있는 차별적 의미들과 맞아떨어짐으로써 보증된다. 차별적 의미들의 시간적 동일성은 차별적 의미가 시간적 동일성을 갖는 각각의 자기 동일자와 일치하여 진리가 보증되지만 진리로서 나타나는 보편적 의미는 보편적 의미를 담고 있는 추상적 동일자가 의사소통될 때 주고받는 차별적 의미가 서로 일치함으로써 진리가 보증된다. 언어에 나타나는 보편적 의미가 체험에 나타나는 차별적 동일자를 겨냥한 의미일 때 차별적 동일자와 맞아떨어지면 보편적 의미는 진리로서 성립한다. 언어에 나타나는 보편적 의미가 차별적 의미들의 유사한 스펙트럼을 포괄하면서 그 포괄되는 유사한 차별적 의미들을 겨냥한 의미일 때 보편적 의미는 그 스펙트럼에 포괄되는 차별적 의미들을 모두 수렴하면서 유사한 모든 차별적 장면에 나타나는 모든 의미들과 맞아 떨어진다. '너그럽다'의 보편적 의미는 언어로서 의사소통이 될 경우 활동하며 '너그럽다'는 표현의 보편적 의미가 맞아떨어지는 추상적 동일자는 너그러운 차별적 의미들을 구성하는 너그러운 차별적 의미들의 스펙트럼 속의 각각의 차별적 동일자들과 맞아떨어진다. '너그럽다'의 보편적 의미를 구성하는 차별적 의미가 나타나는 차별적 현상은 다양하기 때문이다. 언어 속에 숨어 있는 차별적 유사성을 가진 의미의 스펙트럼이 시간적 체험 속에서 무한히 겹쳐짐으로써 차별적 유사성의 차별성들이 없어지고 유사한 의미들이 통일적으로 겹쳐짐으로써 추상적 동일자로 고정된다. 추상적 동일자는 의식 속에 있으며 의식 속에 있는 추상적 동일자를 확증시키는 발생론적 근거는 추상적 동일자가 차별적 의미를 담고 있는 시간적 동일자들로 환원가능 함으로써 이다. 붉음의 차별적 다양성은 붉음의 시간적 동일성들로서 진리가 다양한 동일성을 갖지만 붉음의 언어로 된 보편적 동일성은 붉음의 차별적 다양성이 추상적 동일성으로 되어 진리가 붉음의 차별적 다양성에도 불구하고 보편적 동일성의 진리로서 나타난다. 체험의 영역에서는 차별적 의미들의 시간적 동일성으로서 존재하는 다양한 진리가 형성되지만 언어의 영역에서는 차별적 의미들의 유사한 스펙트럼이 추상적 동일성으로 성립되어 체험의 영역에서 나타나는 유사한 차별적 의미들의 진리가 은폐되고 차별성이 사상된 자기 동일성의 진리가 형성된다. 체험의 영역에서는 명증적인 의미들의 다양한 인식이 가능하지만 언어의 영역에는 체험에서 명증적인 의미들의 차별성이 사상되고 차별성이 추상화된 의미의 인식만이 가능해진다. 언어에서는 인식되지 않은 차별적 의미들의 체험이 체험의 영역에서는 무한히 가능하며 체험의 영역에서 가능한 차별적 의미들의 무한히 다양한 체험은 언어에서는 은폐되기 때문에 언어에서는 차별적 의미의 유아론이 나타난다. 보편적 의미에 은폐된 차별적 의미들의 다양성은 보편적 의미를 구성하는 차별적 의미들을 체험함으로써 보편적 의미에 은폐된 차별적 의미들을 인식할 수 있다. 보편적 의미는 차별적 의미가 중성화된 추상적 의미이다. 보편적 의미는 누구에게나 타당한 의미이지만 차별적 의미는 그것을 체험한 사람에게만 타당한 의미이다. 보편적 의미로서의 의사소통이 가능하지만 보편적 의미가 차별적 의미로 소급될 때에는 그것이 직관화된 현상일 때 유아론이 나타난다. 언어의 보편적 의미가 추상적 동일성을 지시할 때 보편적 의미의 상호 주관적 공유가 발생하므로 유아론의 문제가 등장하지 않으나 언어의 보편적 의미가 지시하는 추상적 동일성이 근거하는 발생적 원천으로 소급해 갈 때 보편적 의미를 담고 있는 시간적 동일자의 구성에는 차별적 의미에 대한 상기의 필증성이 존재하므로 유아론의 문제가 등장한다.

5) 의미체험과 유아론의 문제

경험의 차별적 의미에 대한 유아론을 벗어날 수는 있지만 언어의 보편적 의미에 대한 유아론을 벗어날 수는 없다. 경험된 차별적 의미의 유아론은 벗어날 수 있지만 경험된 차별적 의미가 언어의 보편적 의미로 된 경우에는 차별적 의미의 유아론을 벗어날 수 없다. 빨간 전화기와 노란 전화기에서 빨강과 노랑이 체험되는 경우에는 빨간 전화기와 노란 전화기라는 구체적 사물로서 체험될 수밖에 없으며 전화기의 빨간 색깔과 전화기의 노란 색깔이 빨간 전화기와 노란 전화기의 정체성을 확인시켜 주기 때문에 경험의 차별적 의미에 대한 유아론을 벗어날 수 있지만 빨간 전화기와 노란 전화기에서 빨강과 노랑이라는 색깔의 이름이 언어적으로 상호 소통되는 경우에는 대화를 주고받는 A와 B에서 A와 B는 빨간 전화기와 노란 전화기를 이전의 지각에서 체험했던 경우에는 언어의 의사소통 속에서 직관화된 표상으로서 표상들이 상호 교환되며 또는 빨간 전화기와 노란 전화기를 이전에 지각했지만 그 전화기가 빨강이나 노랑이 아닌 경우에는 형태는 유사한 직관화된 표상으로 색깔은 공허한 표상으로 언어의 의사소통 속에서 표상들이 상호 교환된다. 직관화된 표상이나 공허한 표상으로 대화가 상호 소통되는 경우에는 언어의 의미의 유아론에서 벗어날 수 없다. A는 A의 의식 속에서 기억된 표상을 일깨워야 하며 B는 B의 의식 속에서 기억을 일깨워야만 하며 또는 A는 B의 표상의 A의 자기 표상과의 합치, 불합치 속에서 B는 A의 표상의 B의 자기 표상과의 합치, 불합치 속에서 기억된 표상을 일깨워야만 한다. A의 기억된 표상과 B의 기억된 표상이 동일자를 체험한 기억일 때에는 동일자에 대한 기억을 다시 지각 할 수 있을 때 A의 기억된 표상과 B의 기억된 표상의 일치는 확인 가능하나 A의 기억된 표상과 B의 기억된 표상이 서로 동일자를 체험했을 때에도 그 기억을 다시 지각할 수 없을 때에는 A의 기억된 표상과 B의 기억된 표상과의 일치 여부는 확인이 불가능하며 서로 다른 차별자를 체험한 기억일 때에는 더욱 더 A의 기억된 표상과 B의 기억된 표상과의 일치여부는 확인이 불가능하다. 기억된 표상 속에서 A는 B의 표상에 대해 B는

A의 표상에 대해 그리고 A는 A 자신의 의식 안에서 B는 B 자신의 의식 안에서 상기의 필증성에 연루되기 때문에 A는 A로서 B는 B로서 유아론에 빠질 수밖에 없다.

판단은 진리와 거짓의 장소이다. 판단은 말로서 진행되거나 기록으로서 진행되거나 한다. 말은 기록되지 못할 수 있다. A가 내린 판단은 말로서 표현되거나 기록으로서 남거나 한다. A가 말한 판단은 A의 말이 사라지면 의식 속에 의미로 남는다. A가 말한 의미는 A의 의식 속에 남아 있으나 이미 과거로 넘어간 의미이기 때문에 A가 말한 의미의 진리와 거짓은 기억에 의존할 수밖에 없다. 그러나 기억은 그 확증가능성이 미지수로 남는다. 기억이 의심스럽고 믿을 수 없으며 기억은 자아의 의식 속에서만 있으며 타자와의 공유가 단절되어 있기 때문이다. A가 말한 의미가 B, C 등과 함께 체험된 의미일 때 A가 말한 의미의 진리와 거짓은 A, B, C 등의 의식 속에 기억으로 남아 있는 의미의 동일성을 확보하면 된다. A가 말한 의미가 타자와 함께 체험한 의미가 아니고 A가 홀로 체험한 의미일 때 A가 말한 의미는 A가 그 의미를 기록하지 않았을 때 A의 기억에 의존할 수밖에 없으며, A의 기억은 그 필증성이 의심스럽기 때문에 A의 기억을 A 자신이 확증할 수 없으며, A가 말한 의미가 타자와 함께 체험한 의미가 아니고 A가 홀로 체험한 의미이기 때문에 타자는 A가 말한 의미의 진리와 거짓을 믿을 수도 있고 믿지 못할 수도 있으며 타자의 A가 말한 의미의 진리와 거짓에 대한 믿음은 타자의 A에 대한 인격의 믿음에서 결정될 수밖에 없다. 그러나 언제나 거짓은 있기 마련이고 거짓증언 하는 사람들도 있지 않을까?

6) 체험된 본질과 침묵의 목소리

　의미는 체험되는 차별적 의미와 언어화되어 나타나는 보편적 의미가 있으나 본질은 언어화되기 이전에 체험된 본질의 보편성을 가지고 있고 체험된 본질이 언어화되면 본질은 언어화되기 이전의 보편성과는 다른 언어화된 보편성을 갖는다. 본질은 체험될 때 몸소 나타나는 필연적 보편성을 가지나 본질은 언어화되어 의사소통될 때 눈앞에 없는 추상적 동일성을 갖는다. 체험된 본질의 보편성은 자아의식에 갇혀 있지 않은 모든 사람에게 공통된 본질의 체험을 갖게 되나 체험된 본질은 차별적이면서 보편적인 이중적 성격을 갖는다. 본질이 차별적 자아에게 체험될 때 그것은 언어화되지 않았기 때문에 그것을 체험하는 자아의 의식에 갇혀 있는 유아론적 타당성을 가지고 본질이 모든 자아에게 체험될 때 그것을 체험하는 자아에게서 타당성을 공유하는 상호 주관적 타당성을 가지나 언어화되지 않았기 때문에 각자의 자아에게만 타당하고 상호간의 타당성 전달이 차단되어 있는 유아론적 타당성을 갖는다. 의미와 본질은 그것이 언어화되기 이전에는 차별적 타당성을 가지나 그것이 언어화되어야만 상호 주관적 타당성을 가진다.

　언어화되지 않은 의미와 본질은 예술 속에서, 음악과 미술 속에서 언어화되지 않은 침묵의 목소리를[2] 나타낸다. 언어화되지 않은 침묵의 목소리 속에서 언어화되어서는 나타나지 않는 체험 속의 의미와 본질이 나타남으로써 언어화되지는 않지만 침묵의 목소리

---

2) 메를로-퐁티 지음, 현상학과 예술, 오병남 역, p.107. 간접적인 언어와 침묵의 목소리.

로서 상호 주관적으로 공유하는 표현이 된다. 따라서 예술 속에서 침묵의 목소리는 자아가 체험 속에서 벙어리 주관이[3] 되는 것이 아니라 체험 속에서도 상호 주관적 의사소통이 가능하다는 것을 보여 준다.

---

[3] 손봉호, 철학연구, 현상학이 이해하는 과학성, 재인용.

9

차별적 삶과 보편적 삶

1) 차별적 삶과 감정의 자기 이입

　차별적 삶은 관계이다. 삶은 나와 나 아닌 것과의 관계이다. 나는 나로서만 존재하는 것이 아니라 나를 말할 때 나는 언제나 나 아닌 것과의 관계에 들어서 있는 나를 말하는 것이다. 경험은 관계이다. 경험은 나와 나 아닌 것과의 관계를 만든다. 삶을 이루는 다양한 요소들은 나와의 관계 속에서 정립된다. 삶은 공허하게 비어 있는 것이 아니라 다양한 요소들로 충만해 있다. 삶에 대한 사랑은 삶을 이루는 삶의 요소에 대한 사랑에서 일어난다. 삶을 구성하는 요소는 다양하나 삶에서 사랑받는 요소들은 삶에 따라 제한되고 삶에 따라 달리 선택되어 사랑받는다. 무엇에 대한 사랑을 간직한 삶은 삶을 이루는 무엇에 대한 사랑이 삶에 대한 사랑을 일어나게 한다. 삶에 대한 사랑은 삶을 이루는 요소들에 대한 사랑이다. 삶에 대한 의지는 삶을 이루는 요소에 대한 의지이다. 삶을 이루는 요소에 대한 의지는 희망에의 의지이다. 삶을 이루는 요소를 사랑할 때 삶은 희망으로 가득 차게 된다.

삶은 고정된 응결체가 아니라 움직이는 동적 현실이다. 삶은 되어 가는 과정이며 이미 되어 버린 결과는 아니다. 삶이 갖는 의의는, 삶은 만들어 가는 과정 중에 있으며 정지해 버린 결과는 아니라는 것이다. 삶이 정지해 버리면 삶은 살아감이 아니고 삶은 죽음과 같다.

차별적 삶은 차별적 의미와 차별적 느낌을 담고 있다. 차별적 삶을 구성하는 차별적 의미와 차별적 느낌은 시간에 지배당하고 시간 속에서 생겼다가 사라진다. 차별적 느낌에 대한 전형적인 요소는 차별적 삶에 살아 있는 음악이다. 음악을 들을 때 느껴지는 느낌의 뉘앙스는 각자의 마음에 서로 다른 차별적 감정을 일으키지만, 그 감정의 차별적 뉘앙스를 언어로 표현하면 그 다양한 차별적 감정의 뉘앙스는 그 다양한 차별성이 사라지고 중성화된 의미만이 남아 머문다. 음악을 들을 때 마음에 일으켜지는 감정의 뉘앙스는 각자의 마음에 갇혀 있는 차별적 감정이며, 그 차별적 감정이 언어로 표현되면 서로서로의 정신에 이어지는 상호 주관적 의미로 상호 소통된다. 그러나 각자에게 상호 소통되는 의미는 의미의 보편성은 있으나 각자의 마음에만 일으켜진 다양한 차별적 감정의 뉘앙스는 사라지고 없어진다. 차별적 삶 속에서 음악을 들을 때 각자에게 서로 다르게 느껴지는 감정의 뉘앙스는 각자에게 갇혀 있는 차별적 장면이며, 음악을 들을 때 느껴지는 차별적 감정의 뉘앙스를 언어로 표현하면 각자에게만 느껴지는 다양한 느낌의 차별성은 사라지고 언어의 보편적 의미만이 살아남아 서로서로의 정신에 이어지는 상호 주관적 의미로 남는다. 음악은 마음의 언어이다. 음악이 전하는 마음의 언어는 문자가 전하는 정신의 언어보다 더 직접적이고 더 감동적이다. 음악은 세상의 그 어느 언어보다 더 설득적이고 더 호소하며 더 감정적이다. 음악은 이성의 언어로 판단되지 않은 감성의 느낌으로 의미화된다. 음악은 언어보다 더 언어적이다. 음악은 말이 없으나 말보다 더 많은 것을 전한다. 음악은 언어보다 더 근원적인 언어이다.

차별적 삶은 사랑으로 가득 차 있다. 차별적 삶은 연합으로 일어나는 동정심으로 타자에 대한 사랑이 발생하는 삶이다. a와 b는 유사한 마디로서 겹쳐지면서 A와 B를 서로 이어 주는 연결고리이다. a는 현재에서 과거에로 유사한 일깨우는 힘을 전달함으로써 과거에서의 a와 유사한 b와 연결되어 a가 속해 있는 현재의 지각장 A와는 다른 b가 속해 있는 상기된 장 B를 일깨운다. A와 B는 서로 다르나 a와 b가 서로 유사함으로써 A와는 다른 b가 속해 있는 B가 의식에서 떠오른다. A와는 다른 B는 a와 유사한 b가 a와 결합되면서 b가 속해 있고 b와 함께 존재하기 때문에 의식에 떠오른다.

지각된 A와 유사성으로 재생된 A´는 A´와 공간적으로 인접한 B를 일깨운다. A로 인해 일깨워진 B에서 A와 B의 인접성은 A와 A´가 유사함으로써 재생된 인접성이며 A와 B의 인접성은 지리적·공간적 인접성이 아니라 의식적·시간적 인접성이다. A와 B가 시간적으로, 공간적으로 멀리 떨어져 있으나 의식 속에서 시간적으로 인접해 있는 의미로 떠오르는 것은 A와 유사성으로 일깨워진 A´가 B와 시간적·공간적으로 인접해 있기 때문이다. A와 A´

의 유사성이 시간적·공간적으로 떨어져 있는 A와 B의 의식적·시간적 의미의 인접성을 결정한다. 연합은 의미의 유사성과 인접성으로 시간적·공간적으로 멀리 떨어져 있는 의미들을 상호 결합시킴으로써 친화력으로 묶어진 관념의 우주를 생성시킨다.

　동정은 타자의 체험을 자아의 체험이 공유하는 타자의 체험과 자아의 체험이 동일화되는 경험이다. 타자의 체험을 공감하여 자아가 과거의 체험 속에 가졌던 감정과 유사한 타자의 감정을 짝짓기(Paarung)하여 타자의 체험을 자기의 체험과 동일화하는 감정의 자기 이입이 발생한다. 타자의 감정에 대한 자아 감정의 자기 이입에서 타자의 존재에 대한 사랑이 아니라 타자의 감정과 타자의 감정 속에서 구성되는 의미에 대한 사랑이 일어난다. 나는 동네 아파트 신축공사장을 배회하면서 우연히 그 아파트에 입주하기로 되어 있는 부부가 그 아파트의 공사 진행을 알아보면서 입주할 아파트의 모습과 아이의 놀이터 모습을 둘러보는 꿈에 부푼 부부의 모습을 보면서 내가 이전에 입주할 아파트의 신축공사장을 꿈에 부푼 마음으로 둘러보았던 시절을 연상하면서 나의 꿈에 부풀었던 감정과 유사한 그 부부의 꿈에 부풀어하는 감정이 짝짓기 되어 내가 가졌던 감정과 그 부부가 가졌던 감정이 동일화되는 감정의 자기 이입을 경험한다. 나의 그 부부의 아파트 감정에 대한 감정의 자기 이입은 그 부부에 대한 사랑을 발생시키지는 않지만 그 부부의 꿈에 부푼 아파트에 대한 사랑의 감정과 그 사랑의 감정을 토대로 구성되는 앞으로 펼쳐질 행복한 나날이라는 의미들에 대한 사랑을 내가 가졌던 아파트에 대한 사랑 그리고 그것을 기초로 펼쳐졌던 행복한 나날에 대한 의미들과 연합시키는 사랑을 일깨운다.

이것은 타자의 감정에 대한 자아 감정의 자기 이입으로 발생하는 타자의 감정에 대한 사랑이면서 타자의 감정에 대한 사랑의 반추를 통한 자아의 감정에 대한 사랑이다. 타자의 감정에 대한 자아 감정의 자기 이입은 의미의 연합으로 발생하기 때문에 아파트에 대한 감정과 그 감정을 기초로 펼쳐질 행복한 나날에 대한 나와 그 부부의 감정에 대한 의미들의 연합은 의미들의 사랑이 연결고리로 발생하는 의미들에 대한 사랑의 공감이다. 동정심은 다른 사람을 위한 행동을 일으키는 원인이 되기 때문에 동정심이 없다면 다른 사람을 위한 행동이 일어나기 힘들다. 이웃에 대해 아파하는 마음이 사회를 건강하게 하고 사람과 사람 사이를 따뜻하게 한다.

2) 차별적 삶과 보편적 삶에서의 인격

차별성은 삶의 개념이고 보편성은 차별성을 반성한 이론이다. 차별적 마음과 성격이 차별적 삶에서 활동할 때 차별적 마음과 성격은 차별적 삶의 다양성 속에서 각각 다른 차별성으로 활동한다. 동일한 차별적 삶은 차별적 삶을 반성한 동일한 이론으로서는 가능하나 차별적 삶 자신은 차별적 개체에게서 각기 서로 차별적으로 다르며 각기 동일하지 않다. '너그럽다'는 인격의 나타남은 언어의 보편성은 있으나 너그러운 차별적 인격이 나타나는 장면은 각기 다양하게 차별적으로 나타난다. 차별적 삶을 이론화하면 그것은 이미 차별적 삶이 아니다. 차별적 삶은 이론화될 수 없고 삶속에 살아 있다. 차별적 삶에 대한 이론화는 이론에 나타나는 차별적 삶이 아니라 이론에 나타나는 보편적 삶이다. 차별적 삶은 이론으로서는 없지만 삶으로서는 있다. 실질적 가치는 체험 속에 있으며 실질적 가치를 판단하면 실질적 가치는 사라진다. 실질적 가치는 차별적 삶 속에 살아 있다. 실질적 가치는 차별적 삶 속에서 살아 있으나 이론으로 언어화되면 사라진다.

차별적 삶은 언어화되기 이전의 차별적 의미와 언어화되어 체험되었던 차별적 의미가 살아 있는 삶이다. 차별적 삶은 언어화되기 이전의 차별적 의미와 차별적 느낌을 체험하는 삶이면서 자아와 타자와의 언어를 통한 직관화된 표상과 공허한 표상이 상호 소통되는 삶이다. 차별적 삶이 언어화되면 차별적 의미가 나타나는 차별적 삶은 모습이 사라지고 차별적 삶의 모습이 언어의 의미로 치환되어 모두가 공유하는 상호 주관적 의미로 된다. 차별적 삶 속에서 상호 주관적 의미가 들어 있는 언어가 활동하나 이 언어에는 차별적 삶이 나타나 있는 차별적 의미의 차별성은 사라지고 그 의미만이 보편화되어 전달된다. 그러나 차별적 의미가 보편화된 의미는 다른 차별적 자아가 전달하는 의미를 차별적 자아가 자기가 체험한 경험의 표상으로 유추하여 받아들이거나 직감으로써 이해한다. 어머니가 자식에게 '밥 잘 먹어라'고 말하시는 말씀은 어머니의 자기가 체험한 차별적 의미가 보편화되어 언어화된 보편적 의미가 들어 있는 말씀이며, 이 말씀을 자식은 '밥 잘 먹어라'의 언어화된 보편적 의미를 자기가 체험한 차별적 의미와 어머니가 체험한 차별적 의미와의 유추로서 파악하거나 직감으로써 이해한다. 어머니의 '밥 잘 먹어라.'라는 말씀에 들어가 있는 차별적 사랑은 언어 속에 중성화되어 표현되어 있으나 자기의 자식에 대한 사랑의 체험으로 유추하여 어머니의 차별적 사랑을 느끼거나 직감으로써 이해한다. 차별적 삶은 차별적 의미가 활동하는 삶이며 차별적 삶은 언어화되기 이전의 차별적 의미가 활동하거나 언어화된 보편적 의미가 활동하며 언어화된 보편적 의미가 활동하는 차별적 삶은 언어의 전달자와 피전달자와의 의사소통을 통한 상호 이해가 추상적 동일성을 주고받음으로써 이루어지거나 각 차별적 의미에 대한 차별적 체험으로 소급된다. 차별적 삶은 언어 이전에 활동하는 삶이면서 언어 이후에 체험된 표상의 상호 전달로 활동하는 삶이다. 차별적 삶은 언어 이전이나 언어 이후에 체험된 차별적 의미가 활동하는 삶이다.

보편적 이론이 도덕적일 때 차별성이 강한 보편적 이론에는 인격이 있고 보편적 이론이 도덕적일 때 보편성이 강한 보편적 이론에는 인격이 없다. 인격은 보편성에 없고 차별성에만 있기 때문이다. 보편적 이론이 도덕적이 아닐 때 차별성이 강한 보편적 이론에는 인격이 없다. 보편성이 도덕적이 아니기 때문이다. 보편적 이론이 도덕적이 아닐 때 보편성이 강한 보편적 이론에서도 인격이 없다. 인격은 차별성에서 비롯되기 때문이다. 보편적 이론이 도덕적일 때에나 보편적 이론이 도덕적이 아닐 때에도 차별성이 도덕적일 수 있다. 보편성은 이론의 개념이고 차별성은 삶 속에 있기 때문이다. 보편적 이론이 도덕적일 때 차별성이 강한 보편적 이론에 있는 인격은 차별적 삶에 나타나는 인격이 아니라 보편적 이론에 나타나는 인격이다.

인격의 동일성은 시간적인 변화 속에서 동일하게 겹쳐지는 차별적 동일성이나 인격의 정체성은 시간적인 변화 속에서 끊임없이 변화하는 차별적 다양성이다. 인간에 대한 사랑은 인격의 차별적 동일성에 대한 사랑이면서 인격의 다양한 차별성에 대한 사랑이다. 인격의 동일성에 대한 사랑은 변하지 않는 것에 대한 사랑이나 인격의 차별성에 대한 사랑은 변하는 것에 대한 사랑이다. 변하지 않는 인격의 동일성에 대한 사랑은 변하는 인격의 차별성에 대한 사랑을 아프게 한다. 변하지 않는 것이 변하는 것과 대비되어 변하는 것에 대한 사랑이 기억에서 보존되나 지각에서 상실됨을 아파하기 때문이다. 지각은 존재를 표상하나 기억은 의미만을 표상하기 때문에 변하는 인격의 차별성은 지각에서 존재하지 않기 때문에 사랑은 그리움으로 남는다. 인격의 차별성에 대한 그리움은 지각에 존재했으나 기억에만 존재하는 차별적 삶이 사라졌음을 그리워하는 것이다. 인격 차별성의 변화는 차별적 육체의 변화만을 뜻하는 것이 아니라 차별적 삶이 사라지는 것이다.

차별적 의미가 언어화되면 차별적 의미는 보편적 의미가 되며 차별적 의미에는 차별적 의미를 구성하는 차별적 정신이 활동하며, 언어화된 보편적 의미에는 보편적 의미로서 보편적 의미를 생각하는 보편정신이 활동한다. 체험 속에서는 차별적 정신이 활동하고 언어 속에서는 보편정신이 활동한다. 차별성을 체험하는 정신과 보편성을 이해하는 정신이 있다. 정신이 차별적 정신과 보편정신으로 구별되는 것은 체험하는 정신과 이해하는 정신으로 정신의 역할이 다르기 때문에 체험하는 정신이 이해하는 정신이 될 수 없고 이해하는 정신이 체험하는 정신이 될 수 없기 때문이다. 언어화된 의미는 언제나 보편정신이 사유하며 언어화되기 이전의 의미는 차별적 의미로서 차별적 정신에서 생성되기 때문에 언어화된 보편적 의미만을 생각하는 보편정신은 차별적 의미가 차별적이기 때문에 차별적 의미를 체험하는 차별적 정신에는 관여하지 않는다. 차별적 정신은 차별적 의미만을 체험하기 때문에 언어화된 보편적 의미를 생각하지 않으며 보편적 의미를 생각하는 보편정신에는 관여하지 않는다. 차별적 의미가 언어화된 지각판단은 차별적 의미가 살아 있는 판단이며 차별적 의미가 보편적 의미로 이어지는 접점으로서의 역할을 한다. 지각판단을 형성하는 정신은 차별적 정신이다. 보편정신은 언어로서 언어에 들어 있는 의미를 그 언어에 들어 있는 의미로서만 생각하며 의미를 구성하는 정신은 아니기 때문이다. 차별적 의미를 체험하는 정신이 차별적 정신이기 때문에 지각판단을 체험해서 지각판단을 형성하는 정신은 차별적 정신이나 지각판단에 들어 있는 의미를 생각하는 정신은 보편정신이다. 지각판단을 내린 그 지각판단을 생각하는 정신은 보편정신이기 때문이다.

보편적 삶은 언어 속에서 보편정신이 활동하는 삶이다. 차별적 삶 속에서 보편정신이 활동한다. 차별적 삶 속에서 언어로 의사소통이 이루어질 때와 보편적 이론이 차별적 삶 속에서 활동할 때 보편정신은 차별적 삶 속에 살아 있다. 보편정신은 의미들 속에서 살아 있는 정신으로 나타나나 의미들을 구성하는 정신은 차별적 체험에 나타나는 차별적 정신이다. 의미들을 구성하는 차별적 정신은 차별적 육체의 죽음과 동시에 존재하기를 그치나 의미들에 나타나는 살아 있는 정신으로서의 보편정신은 태어나지도 죽지도 않는 보편적 이론에 살아 있는 정신이다. 보편정신은 그 보편정신이 살아 있는 보편적 이론을 다시 이해하는 타자의 보편정신에서 그 타자의 보편정신과 융합되어 다시 살아나는 정신이다.

10

차별적 삶에 나타나는 도덕적 선에
대한 현상학적 근거

　이념적 종 붉음이 다양한 붉은 색조들의 한 붉음에서 의식 되듯
이, 한 사람의 선한 행위에서 이념적 내용 선도 의식된다. 수와 삼
각형의 본질이 이념의 영역에 주어져 있고, 사실적 세계에서 수를
센다든지, 칠판에 삼각형을 그린다든지 함으로써 수와 삼각형의 의
미가 현상계에도 주어져 있듯이 붉음과 푸름은 본질로서도 주어져
있고 현상적 사실로서도 주어져 있다. 따라서 수와 삼각형을 직관
하는 방법과 붉음과 푸름을 직관하는 방법은 같다. 붉음과 푸름의
직관은 사실적 세계로부터 출발하고 수와 삼각형의 직관도 사실적
세계로부터 출발한다. 사실적 세계의 붉음을 직관함으로써만 붉음
이라는 본질을 직관 할 수 있다. 사실적 세계의 어느 한 붉음에

대한 지각은 이 지각된 붉음에 해당하지 않는 많은 붉은 색조들의 스펙트럼을 가지고 있다. 삼각형 일반의 영역도 사실적 세계의 붉음의 영역과 같다. 삼각형 일반의 영역은 이념의 영역에서 존재하고 사실적 세계에서는 다양한 삼각형이 존재 하듯이 붉음 일반의 영역은 이념의 영역에서 존재하며 사실적 세계에서도 붉음은 다양한 붉은 색조들의 스펙트럼을 가지고 존재한다. 플라톤에 의하면 이념적 종 붉음은 이념적 종 붉음을 직관하여 사실적 붉음을 인식하거나, 사실적 붉음을 직관하여 이념적 종 붉음을 인식하거나 이다. 그러나 훗설에 의하면 이념적 종 삼각형이나 이념적 붉음은 사실적 삼각형이나 사실적 붉음을 직관하여 인식되어 진다.

한 사람의 선한 행위에서 이념적 내용 선도 의식되며, 이념적 내용 선을 의식하여 한사람의 행위에서 선을 의식한다. 한 사람의 선한 행위에서 이념적 내용 선을 의식 할 수 있는 것은 이념적 내용 선에 대한 생득적 관념이 있거나 이념적 내용 선에 대한 본질 통찰이 한사람의 선한 행위에서 발생했기 때문이다. 사실적 삼각형을 의식하여 이념적 종 삼각형을 의식하나 이념적 내용 선은 이념적 내용 선을 의식하여 한사람의 행위에서 선을 의식할 수 있다. 사실적 붉음을 직관하여 이념적 종 붉음을 인식할 수 있으나 이념적 내용 선은 이념적 내용 선을 직관하여 사실적 선을 인식하거나, 사실적 선을 직관하여 이념적 내용 선을 인식한다. 다양한 사실적 선들은 마치 사실적 세계의 붉음들이 이 붉음에 해당하지 않는 다양한 붉음 색조들의 스펙트럼을 갖듯이 다양한 선이라는 가치들의 스펙트럼을 갖는다. 사실적 선들의 다양한 스펙트럼은 이념적 내용 선의 다양한 분화이며 이념적 내용 선은 사실적 선들의 다양한 스펙트럼의 이념화 (Ideation)이다. 사실적 행위를 지시하지 않는 이념적 내용 선을 의식하는 한은 선의 본질을 사고한 것에 그치지만 이념적 내용 선이 사실적 행위를 지시한 경우에는 이념적 내용 선이 사고의 본질로서만 있는 것이 아니라 사실적 행위 속에 구현된 이념적 내용 선으로 직관되어 진다. 윤리적 개념으로서의 이념적 내용 선이라는 의미영역과는 상관없는 윤리적 행위 규범으로서의 윤리적 사실의 영역이 존재한다. 플라톤에 의하면 이념적 종 삼각형이 사실적 세계를 감각하여 의식되거나 이념적 종 삼각형을 이성을 통해 파악하여 의식되듯이 이념적 내용 선이라는 윤리적 가치와 가치의 다양한 스펙트럼을 가지고 있는 사실적 선들은 이성을 통해 파악할 수 있는 의미이다. 그러나 이념적 내용 선을 파악하지 못하고서도 사실적으로 다른 사람의 마음과 행위를 통해 이념적 내용 선을 감지할 수 있다. 윤리적 사실로서의 선은 이념적 내용 선을 직관함으로써만이 가능한 것이 아니고 사실적 선을 직관함으로써도 윤리적 사실로서의 선을 감지 할 수 있다. 이념적 내용 선의 직관 없이도 사실로서의 선을 직관 할 수 있으며 사실로서의 선을 직관함으로써 이념적 내용 선도 거슬러 직관 할 수 있다. 자기에게 악한 행위를 하는 다른 사람에 대해 그 사람을 부정하는 가치판단을 하면서도 그 사람에게 선한 윤리적 사실을 감지한다는 것은 다른 사람의 악한 행위에 대해 부정적 가치판단을 하면서 부정적 가치판단이 이념적 내용 선을 부정하기 때문에 이념적 내용 선을 의식하지 않고서도 선한 윤리적 사실을 감지 한다는 것을 알려준다. 따라서 자기에게 악한 행위를 하는 다른 사람에게 그 사람을 부정하는 가치판단을 하면서도 그 사람에게서 선한 윤리적 사실을 감지 한다는 것은 이념적 내용 선을 파악하여 사실적 선을 의식하는 것이 아니라 이념적 내용 선을 파악하지 않고서도 사실적 선을 파악할 수 있으며 사실적 선을 파악하고서 이념적 내용 선을 파악하는 것이 가능하다는 것이다. 윤리적 사실은 삼각형의 의미 영역과 마찬가지로 사실적으로 직관 할 수 있으며 비감각적으로 이념적으로도 직관할 수 있다. 이념적 내용 선을 직관하여 이념적 내용 선의 분화로서 사실적 선을 인식하는 것은 양심이 생득관념으로서 선천적으로 구비되어 있기 때문에 양심에 대한 자의식이 이념적 내용 선에 대한 직관으로 일어나기 때문이다.

11

차별적 삶과 신앙의 문제

1) 차별적 삶을 구성하는 도덕적 선과 악의 원천으로서의 신앙의 문제

가치를 느끼는 감각은 가치판단을 만든다. 가치판단이 습관화되어 굳어지면 가치를 느끼는 양심을 만든다. 도덕적 감정을 느끼는 가치감각에는 선천적인 양심으로 느끼는 가치감각과 후천적인 도덕판단으로 느끼는 가치감각이 있다. 도덕적 감정에는 직선적으로 느끼는 가치감각과 반성적으로 느끼는 가치감각이 있다. 우리는 도덕적 갈등 속에서 직선적으로나 반성적으로 수치심을 느끼면서 '착하게 살아야겠다. 양심적으로 살아야겠다'는 도덕적 감정을 가지게 된다. 그러나 사회는 때로는 착하게 살지 않는 사람에게 이익이 돌아가고 착하게 살아가는 사람에게 불이익이 돌아가는 경우도 있다. 그래도 착하게 사는 것이 좋은 것일까? 착하게 사는 것이 때로는 불이익을 받더라도 착하게 사는 것이 좋은 것일까? 착하게 살지 않는 것이 좋지 않을 때도 있지 않을까? 착하게 살지 않는 것이 착하게 사는 것보다 더 큰 이익을 줄 때 착하게 살지 않는 것이 더 좋을 수도 있지 않을까?

아무도 모르게 법망을 피해 가면서 이익을 얻는 사람과 법을 준수하면서 살아가기 때문에 불이익을 받는 사람은 무엇이 옳고 그름을 느끼는 도덕적 감정을 가지나 이 세상에서 자기의 행위에 대해 죄와 벌로서 단죄를 내리는 외적 강제력이 없을 때 불이익을 얻기보다는 이익을 얻는 것이 좋으므로 선을 버리고 악을 선택하는 것이 더 잘 사는 것이라는 생각이 들지 않는가? 그러나 이 세상에서 악에 대한 단죄와 선에 대한 장려가 일어나지 않는다면 저 세상에서의 이 세상에 대한 악의 단죄와 선에 대한 장려가 있어야 하지 않는가? 그래야 이 세상에서의 도덕을 느끼지 못하는 불감증과 그리고 이 세상에서의 법으로도 통제가 불가능한 무질서한 행위가 바르게 해결될 수 있는 건전한 도덕감이 만들어지고 착하고 옳은 행위가 바로 설 수 있는 건전한 사회가 만들어지지 않을까? 그러나 이 세상만 믿고 저 세상을 믿지 않는 사람이 있고 저 세상을 믿으면서 이 세상을 살아가는 사람이 있기 때문에 이 세상에서의 법적 구속력이 없는 악한 행위에 대해 이 세상만을 믿고 저 세상을 믿지 않는 사람에게는 도덕적 비난이 있든 없든 자기의 행위가 선이든 악이든 상관없이 자기의 이익만을 위해 살아가지 않을까? 반면에 이 세상에서의 선과 악에 대해 저 세상에서의 단죄를 믿기 때문에 저 세상을 믿으면서 이 세상을 살아가는 사람에게는 자기의 행위로 인해 불이익을 받더라도 도덕적으로 선한 행위를 하고 법을 준수하는 행위를 하지 않을까? 그러나 이 세상만 있고 저 세상은 없다는 판단의 정당성과 이 세상을 위해 저 세상이 있다는 판단의 정당성은 두 정당성 중 어느 정당성이 옳은지 누가 판단할 수 있을까? 그렇다면 과연 우리는 선을 위해 살아야 하는가, 아니면 선을 버리고 때로는 악과 타협하면서 살아야 하는가? 이 문제는 결국 이 세상과 저 세상의 존재에 대한 믿음의 문제로 돌아가지 않는가? 타자의 도덕적 행위로 자기가 피해를 받기 원하지 않음은 자기의 도덕적 행위로 타자가 피해받기를 원하지 않음과 같다. 따라서 이 세상에서의 도덕적 선과 악으로 인한 피해를 받지 않기를 원함이란 이 세상에서의 자기의 도덕적 행위로 인한 타자의 피해를 받지 않음과 타자의 도덕적 행위로 인한 자기의 피해받지 않음을 원하는 것이기 때문에 이 세상에서의 악으로 인한 피해받기를 원하지 않음은 이 세상에서의 악의 부당성과 선의 정당성을 위해 이 세상에서의 정당성 근거로서 저 세상의 존재를 믿을 수밖에 없다. 따라서 신앙은 도덕적 선과 악의 원천이다. 세상에는 언제나 악은 있으며 인간은 누구든지 악을 원하지 않기 때문에 인간에게는 이 세상에서의 악을 부정하기 위해 선의 정당성의 최종적인 근거로서의 저 세상의 존재를 믿을 수밖에 없다. 그러나 저 세상의 존재를 믿으면서 선을 행하는 사람이 언제나 있듯이 저 세상의 존재를 믿지 않으면서 악을 행하는 사람은 언제나 있지 않은가? 따라서 도덕적 선과 악의 원천은 신앙이다.

이 세상에서 악에 대한 선의 정당성이 해결되지 않을 때 선한 행위로 인한 불이익과 악한 행위로 인한 이익의 문제가 해소되지 않기 때문에 악에 대해 선이 정당하지 않고 선에 대해 악이 지배하게 되므로 자기의 이익을 위해서는 악한 행위를 선택하는 것이 옳을 수 있다고 생각하게 된다. 그러나 타자의 악한 행위로 인한 자기의 피해를 원하지 않음은 자기의 악한 행위로 인한 타자의 피해를 원하지 않음을 의미하기 때문에 자기가 악한 행위를 하면서도 타자는 자기와 같이 악한 행위를 하기를 원하지 않는다. 타자가 자기와 같은 경우에 자기와 같이 악한 행위를 하기를 원하지 않음은 자기가 타자와 같은 경우에 타자와 같이 악한 행위를 하기 원하지 않음과 같다. 그러나 타자는 자기와 같이 악한 행위를 함으로써 자기에게 피해를 주지 않기를 바라면서 자기는 악한 행위를 함으로써 타자에게 피해를 주고 자기에게 이익이 되는 행위를 하는 경우가 있을 수 있다. 자기의 악한 행위로 인한 타자의 피해, 타자의 악한 행위로 인한 자기의 피해를 해소시킬 수 있는 법은 있으나 법은 때로는 악한 행위를 하는 사람의 손을 듦으로써 선한 행위와 악한 행위를 구별하고 선한 행위에 손을 들 수 있는 진실을 외면하는 경우가 있을 수 있기 때문에 선한 행위를 했지만 벌을 받고 악한 행위를 했지만 벌을 벗어남으로써 선의 정당성과 악의 부당성이 해결되지 않을 수 있다. 누구나 자기가 피해를 받음을 원하지 않기 때문에 누구나 선의 정당성과 악의 부당성을 원함으로써 자기가 피해를 받기를 원하지 않는다. 그러나 악은 언제나 있고 선은 언제나 악에 의한 피해를 받고 있다. 선을 행해야 하고 악을 행하지 말아야 하며 선을 행함으로써 자기와 타자가 정당한 이익을 받고 악을 행하지 않음으로써 자기와 타자가 부당한 불이익을 받기를 원하지 않기 때문에 이 세상에서 선의 정당성과 악의 부당성이 해결되지 않으면 이 세상에서의 불합리를 해소시키기 위해 저 세상에서의 악의 부정과 선의 긍정을 믿을 수밖에 없다. 저 세상에서의 악의 부정과 선의 긍정을 믿어야만 이 세상에서의 악에 대한 선의 정당성이 해결됨으로써 악에 의한 선의 지배가 갖는 불합리가 해소될 수 있기 때문이다. 저 세상을 믿지 않으면 이 세상에서의 악이 정당화될 수 있으나 이 세상에서 아무도 악이 정당화되어 자기가 피해받기를 원하지 않기 때문에 아무도 이 세상에서 악이 정당화되기를 원하지 않으며 이 세상에서의 악을 이 세상에서 단죄 내릴 수 없다면 이 세상에서의 악을 단죄할 수 있는 저 세상이 있기를 원할 수밖에 없으며 저 세상이 있기를 원하는 것은 이 세상에서의 저 세상에 대한 신앙이다. 그러나 이성으로 정립된 신앙은 언제나 세상 앞에서 불안해하며 신은 감성으로 체험되는 순간 신에 대한 절대적인 신앙을 고백하게 한다. 감성으로 체험되는 신의 존재를 느끼는 은총은 은총 중의 은총이다.

2) 차별적 삶을 구성하는 도덕적 선과 악의 원천으로서의 신앙의 문제의 도해

아무도 모르게 법을 피해 가며　　법을 준수함으로써 오히려 불
이익을 얻는 사람　　　　　　　　이익을 받는 사람

옳고 그름을 느끼는 도덕적 감정을 가진다

그러나

자기 행위에 대해 처벌하는 외부의 강제적인 힘이 없을 때

불이익을 얻기보다 이익을 좋다   선을 버리고 악을 선택한다
얻는 것이
                    나쁘다 악을 버리고 선을 선택한다

                  어느 쪽이 더 잘 사는 것인가?

                      그러나

  어느 한쪽만이 선택되는 것이 아니라 둘 중 한쪽을 선택하는 행
위가 둘 다 발생하기 때문에

                      그래서

  악의 입장을 선택하는 사람이 이익이 되고 선의 입장을 선택하
는 사람에게 불이익이 될 때 선의 입장을 선택하는 사람은 해를
입는다

                      그러므로

  이 세상에서 악의 처벌과 선의 장려가 일어날 수 없다면

저 세상에서의 이 세상에 대한 악의 처벌과 선의 장려가 있어야만 악에 대한 선의 불이익과 해로움이 공정하게 해결되지 않겠는가?

그러나

악이 이롭고 선이 해로울 때 악을 선택하는 것이 나쁜 것인가?

그러나

악은 자기에게 이로우나 남에게 해를 주고 선은 자기에게 해로우나 남에게 이익을 줄 때 악이 자기는 남에게 해로움을 받기를 원하지 않는다면 모든 사람이 선이기를 악도 원하는 것이기 때문에 악이 자기에게 이로움을 주는 행위이지만 남에게 해로움을 주는 행위를 해서는 안 된다는 것을 자기 스스로 인정하는 것이다.

그러나

악은 자기에게 이로움을 주나 남에게 해로움을 줄 때 자기의 행위가 도덕과 법에 저촉되나 도덕적 악의 비난을 피하고 법의 처벌을 아무도 모르게 피함으로써 악을 행하는 경우가 일어날 수 있다.

그러므로

이 세상에서의 악에 대해 단죄를 내리고 이 세상에서의 선에 대한 악의 불공평을 해결할 수 있는 저 세상에서의 심판이 필요하다.

그러나

이 세상만 있고 저 세상은 없다는 판단과 이 세상을 위해 저 세상이 있다는 판단 중 어느 판단이 옳은지 어떻게 알 수 있는가

결국

이 문제는 이 세상과 저 세상의 존재에 대한 신앙의 문제로 귀결된다.

따라서

도덕적 선과 악의 문제를 공평하게 해결할 수 있는 원천은 신앙의 차원에서 기대할 수 있다.

그러나

이 세상에서의 윤리적 선의 촉진과 윤리적 악의 배제를 위한 선의 이론적·실천적 정립을 위한 자세와 노력이 중요하다. 따라서 어떠한 대책도 없이 무작정 저 세상에서의 신앙만을 강조하는 것은 윤리적 자세가 못 된다. 악의 이익과 선의 불이익을 해소하기 위한 이 세상에서의 윤리적 규명에 대한 고찰이 필요하다.

12

차별적 사랑, 보편적 사랑, 종교적 사랑

1) 마음과 차별적 사랑

사랑은 마음의 본질이다. 사랑에는 눈에 보이는 사랑과 눈에 보이지 않는 사랑이 있다. 눈에 보이는 사랑과 눈에 보이지 않는 사랑은 마음의 표현이다. 눈에 보이는 사랑은 눈에 보이지 않는 마음의 사랑을 지각할 수 있는 사랑이며 눈에 보이지 않는 사랑은 눈에 보이지 않는 마음의 사랑을 지각할 수 없는 사랑이다. 눈에 보이지 않는 마음의 사랑은 눈에 보이는 마음의 사랑으로 지각할 수 있다. 눈에 보이지 않는 사랑이 눈에 보이는 사랑으로 지각할 수 있을 때 사랑은 눈에 보이지 않는 사랑을 눈에 보이는 사랑으로 주는 사람의 마음이 지각할 수 있는 사랑으로 받아들여진다. 사랑이 마음의 표현이나 마음은 지각할 수 있게 나타나지 않기 때문에 사랑은 눈에 보이는 사랑으로 나타나지 않는 이상, 눈에 보이지 않는 사랑은 나타나지 않기 때문에 사랑은 느낄 수가 없다. 눈에 보이지 않는 사랑이 있기 때문에 눈에 보이는 사랑이 있을 수 있다. 눈에 보이지 않는 사랑이 눈에 보이는 사랑으로 지각할 수 있게 나타나야 눈에 보이지 않는 사랑을 주는 사람의 마음이 눈에 보이는 사랑으로 나타나 사랑의 마음을 느낄 수 있게 된다.

아름다움에는 외모로 드러난 아름다움과 감춰진 마음의 아름다움이 있다. 감성은 외부로 드러난 모습을 느끼는 활동을 하거나 안으로 숨겨진 마음을 느끼는 활동을 한다. 감성은 감각함으로써 밖으로 나타난 아름다움을 느끼거나 직감함으로써 안으로 감춰진 마음의 아름다움을 느낀다. 아름다움은 눈으로 봄으로써 느끼게 되나 마음으로 느끼는 아름다움은 눈에 보이는 아름다움만 느끼는 것이 아니라 눈에 보이지 않으나 보이지 않는 마음의 아름다움을 마음의 눈으로 봄으로써 느끼게 되는 아름다움이다. 마음의 아름다움은 눈에 보이지 않으나 눈으로 보는 아름다움이 아니라 마음으로 느끼는 아름다움이다. 눈으로 보는 아름다움은 있으나 마음으로 느낄 수 있는 아름다움은 없을 수 있으며 눈으로 보는 아름다움은 없으나 마음으로 느낄 수 있는 아름다움은 있을 수 있다. 눈으로 보는 아름다움이 마음으로 느끼는 아름다움과 일치할 수 있다. 마음으로 느끼는 아름다움을 볼 때 눈으로 보는 아름다움이 아름답지 않을 때에도 눈으로 보는 아름다움이 아름답게 느껴질 때가 있다. 마음으로 느껴지는 아름다움은 모두가 아름답다고 느끼지 않을 때에도 나에게는 아름답다고 느끼는 아름다움이 있을 수 있다. 아름다움은 외부로 나타나는 아름다움만 아름다운 것이 아니라 마음에 감동을 주는 아름다움도 있다. 사랑은 아름다움을 만든다. 아름다워서 사랑을 하기도 하지만 사랑함으로써 아름다움을 느끼기도 한다. 마음으로 느끼는 아름다움은 마음으로 느끼는 사랑을 만든다.

사랑은 마음에 있다. 마음에는 감정이 흐르고 있다. 감정은 느낌의 상태이다. 느낌은 수동적이다. 그래서 느낌은 계산적이 아니다. 사랑은 계산적이 아니다. 이성은 지성의 활동이다. 지성은 능동적이다. 그래서 지성은 계산적일 때가 있다. 지성은 사랑을 생각한다. 감성은 사랑을 느낀다. 사랑은 마음을 준다. 사랑은 느낌을 준다. 마음에는 사랑이 흐른다. 사랑은 마음과 마음의 만남이다. 사랑은 사랑하는 사람을 마음의 눈으로 본다. 마음은 사랑을 느낀다. 마음의 눈은 사랑하는 사람에 대한 사랑을 느낀다. 마음의 눈은 느낌을 본다. 지성의 눈은 생각하는 활동을 보나 마음의 눈은 사랑하는 활동을 본다.

사랑은 의미에 대한 마음의 느낌이다. 의미는 기억으로 남는다. 기억은 사랑의 감정을 만든다. 지각은 의미로 사랑을 생기게 한다. 사랑을 생기게 하는 의미는 지각된 사랑의 의미에서 일으켜진다. 지각된 사랑은 사랑을 일으키는 지각된 것에 따라서 사랑하는 느낌의 강도가 달라진다. 사랑에는 지각된 사랑과 기억된 사랑이 일치하는 사랑이 있고 지각된 사랑과 기억된 사랑이 일치하지 않는 사랑이 있다. 전자는 지각된 의미가 사랑을 일으킬 때 지각에서의 의미와 지각에서의 의미가 일깨우는 기억된 의미가 동일할 때 지각에서의 의미로 일깨워진 사랑의 감정과 기억된 의미가 일깨우는 사랑의 감정은 동일한 경우이고 후자는 지각에서의 의미와 지각에서의 의미가 일깨우는 기억된 의미가 유사할 때 지각에서는 의미만 일깨워질 뿐 사랑의 감정은 일어나지 않고 지각된 의미가 일깨우는 기억된 의미의 사랑의 감정만 일어나는 경우이다. 지각과 기억이 유사할 때 지각은 사물에 대한 의미만 생성시킬 뿐이고 기억은 사물에 대한 사랑을 재생한다. 지각과 기억이 동일할 때 지각된 의미와 기억된 의미는 동일한 사랑의 감정을 일으킨다. 지각과 기억이 유사할 때 사물의 사랑은 지각된 의미에 대한 사랑이 아니라 사물의 기억에서 나타나는 의미에 대한 사랑이지만 인간에 대한 사랑은 지각된 의미에 대한 사랑이 일깨우는 기억된 의미의 사랑이다. 지각과 기억이 동일할 때 사물의 사랑은 지각에서 나타나는 의미와 기억되어 나타나는 의미가 동일한 사물에 대한 사랑을 일으킴에 반해 인간의 사랑은 지각된 의미를 사랑함과 동시에 기억된 의미가 사랑을 강화한다. 사물에 대한 사랑은 지각과 기억이 유사할 때 사물이 기억되어 나타난 의미에 사랑이 묻어 있지만 인간에 대한 사랑은 지각된 의미가 사랑의 감정을 일으키고 지각된 의미가 같은 인간에 대한 기억된 의미의 사랑을 일깨움으로써 사랑이 겹쳐져서 일어난다. 지각된 사물의 의미가 일으키는 감정이 경탄이지만 기억된 사물의 의미가 일으키는 감정은 사랑이다. 사물에 대한 사랑은 인간의 사물에 대한 일방적인 느낌이지만 인간에 대한 사랑은 나는 너에 대해서 네가 나에 대해 느끼는 사랑의 감정을 사랑으로 느끼고 너는 나에 대해서, 내가 너에 대해서 느끼는 사랑의 감정을 사랑으로 느끼기 때문이다. 나는 타자를 봄으로써 나 자신을 본다. 타자에 대한 나의 사랑은 사랑이 나타나는 타자를 봄으로써 사랑하는 나 자신을 본다. 타자는 자아 앞에 존재로서 지각되며 의미로서 반성되어 주어진다. 나는 타자를 본다. 타자는 거기 있는 것으로서 지각되어 주어진다. 나는 타자와 헤어진다. 타자는 거기 의미로서 있는 것으로서 반성되어 주어진다. 그러므로 타자는 존재로서 주어지지만 의미로서도 주어진다. 나는 타자를 존재로서 받아들이면서 의미로서도 받아들인다. 타자는 나에 대한 존재이면서 의미이다. 우리는 의미로서 존재를 그리워한다. 사랑은 그리움이다. 사랑에는 지각된 사랑과 기억된 사랑이 있다. 지각된 사랑이 사라지고 기억된 사랑만 남아 있을 때 사랑의 감정은 슬픔으로 가득 찬다. 사랑을 더 이상 지각할 수 없기 때문이다.

2) 보편적 사랑의 요소와 보편적 사랑

사랑은 사랑을 받는 자가 가지고 있는 사랑할 수 있는 요소를 사랑하는 자가 가지고 있을 때 일어난다. 사랑은 사랑하는 자가 사랑받는 자가 가지고 있는 보편적인 사랑의 요소를 요소로서 가질 때 일어나는 마음의 감정이다. 작가가 작품에서 그리는 등장인물들의 사랑은 작가가 체험한 작품 밖의 현실에서 보인 사람들이 가지고 있는 사랑할 수 있는 요소에 대한 상상적 그림이다. 작품 속에서 등장하는 사랑은 차별적 사랑이 아닌 보편적 사랑으로 서술되며 작가의 보편적 사랑은 현실 속의 차별적 사랑에 대한 보편적 서술로 나타나는 보편적 사랑이면서 사랑할 수 있는 보편적 요소에 대한 사랑이 서술된 것이다. 우리는 자기의 마음에 들어 있는 사랑의 감정과 일치하는 사랑의 요소를 가지고 있는 타자의 삶을 사랑하며 타자의 차별적 삶에서 보편적 사랑으로 보이는 요소를 보았을 때 타자를 보편적 사랑으로 보인 사람으로 사랑한다.

차별적 사랑은 자기와 관계있는 사람에 대한 사랑이면서, 자기와 관계 맺을 수 있는 요소를 가지고 있는 사람에 대한 사랑이나 보편적 사랑은 자기와 관계없는 모든 사람에 대해 일어나는 사랑의 감정이면서, 자기와 관계 맺지는 않으나 자기가 가지고 있는 모든 사람에 대한 사랑의 감정을 요소로서 가지는 것으로 보이는 사람의 차별적 장면에서 일어나는 사랑의 감정이다. 노동자들의 삶의 모습에서 느끼는 사랑의 감정은 우리가 가지는 사람에 대한 보편적 사랑의 감정을 일으키게 하는 요소를 노동자들의 삶이 가지고 있기 때문이다. 노동자들의 삶이 가지는 보편적 사랑의 요소를 사랑하는 마음의 감정을 우리가 보편적 요소로서 가지고 있기 때문에 노동자들에 대한 보편적 사랑의 감정이 일어난다. 보편적 사랑은 이념적 보편성으로 있으면서 차별적 개체에 보편적 요소로서 나누어 존재한다. 차별적 개체에 대한 보편적 사랑의 감정은 차별적 개체가 가지고 있는 보편적 사랑의 요소를 보편적 사랑의 이념적인 분유(分有)된 요소로서 볼 때 나타난다. 보편적 사랑은 의식 속에 이념으로 들어가 있으며 보편적 사랑에 대한 사랑의 감정은 이념으로 된 보편적 사랑을 마음으로 느낄 때 일어난다. 의식 속에 들어 있는 이념으로 된 보편적 사랑은 언어화된 사랑이거나 언어화 되지 않은 사랑이며 이념으로 된 보편적 사랑을 느끼는 마음은 언어화되지 않은 사랑을 느낀다. 차별적 개체에 대한 보편적 사랑의 감정은 언제나 일어나는 것이 아니며 차별적 개체에 분유된 보편적 사랑의 요소가 이념적인 보편적 사랑을 일깨울 때 일어난다. 이념적인 보편적 사랑이 차별적 개체에 분유된 보편적 사랑의 요소를 일깨우거나 차별적 개체에 분유된 보편적 사랑의 요소가 이념적인 보편적 사랑을 일깨울 때 보편적 사랑은 일어난다. 보편적 사랑은 차별적 개체가 분유된 보편적 사랑의 감정을 가지고 있을 때에만 일어나고 모든 사람이 이념적인 보편적 사랑이 분유된 보편적 사랑의 감정을 가지고 있지 않기 때문에 모든 사람에게 일어나는 사랑의 감정은 아니다. 역사적 행위는 보편적 의미에 대한 보편적 사랑으로 발생하나 차별적 삶은 차별적 의미와 차별적 감정에 대한 차별적 사랑으로 가득 차 있다.

3) 감성에 살아 있는 하나님

신앙은 이성에 자리 잡으나 감성에 살아 있다. 이성은 신앙을 증명된 진리로 인식하지만 감성은 신앙을 체험된 느낌으로서 받아들인다. 증명된 진리는 생생하지 않고 박제화된 이론으로 의식의 박물관에 잠들어 버리지만 감성에서 느껴지는 신앙의 진리는 체험되는 순간순간마다 진리로서 생생하게 살아 있다. 신앙으로 자리 잡은 이성의 진리는 인식되는 순간 진리로 확증되어 퇴색된 의미로 남지만 신앙이 살아 있는 감성의 진리는 체험되는 순간순간마다 확증되어 반복적으로 느껴진다. 감성으로 받아들이는 체험 속에 살아 있는 그리스도는 체험되는 순간순간마다 감성에 살아 있지만 이성으로 정립되는 성경 속에 살아 있는 그리스도는 인식되는 순간 의식에 자리 잡고 의미로 퇴색된다. 감성은 살아 있는 느낌이 반복되지만 이성은 겹쳐지는 의미가 반복된다. 의미가 살아 있을 때는 의미가 감성의 느낌과 일치할 때요, 감성의 느낌과 일치하지 않는 의미는 생생하지 않은 의미가 겹쳐진다. 이성으로 정립된 의미의 반복은 진리의 반복이나 생생하게 살아 있지 않고 감성으로 수용된 느낌의 반복은 진리의 반복이면서 생생하게 살아 있다. 그리스도가 살아서 나에게 느껴질 때는 그리스도가 나의 감성에서 사랑으로 체험될 때이고, 그리스도적 사랑이 나의 감성에서 느껴질 때 하나님은 거기에 계신다. 하나님은 사랑이시다.

예수 그리스도를 만나면 하나님을 만날 수 있다. 하나님이 예수 그리스도를 통해 나타나시기 때문이다. 나의 삶 속에서 예수 그리스도를 예수 그리스도가 하신 말씀이 나타남으로써 만나게 된다. 예수 그리스도의 말씀은 사랑으로 나타난다. 예수 그리스도가 사랑으로 말씀하시고 사랑으로 그 말씀이 나타나시기 때문이다. 나의 삶 속에서 예수 그리스도의 사랑이 나타날 때 나는 예수 그리스도를 만나며 예수 그리스도의 나타나심은 예수 그리스도를 통한 하나님의 나타나심이기 때문에 예수 그리스도의 사랑이 나의 삶 속에서 나타날 때 나는 나의 삶 속에서 하나님을 만난다.

어느 누구에게나 동일한 하나님의 말씀도 그 말씀을 받아들이는 마음이 그 말씀과 동일해야 한다. 어느 누구에게나 동일한 하나님의 말씀도 그 말씀을 받아들이는 마음이 그 말씀과 다를 수 있다. 하나님의 말씀과 그 말씀을 받아들이는 마음이 동일해야 하나님의 말씀은 그 마음에 살아 있게 된다.

⑬

차별적 보편성

차별적 정신은 개체에 차별적으로 속하는 개별정신이나 차별적이며 보편적인 정신은 차별적 삶에 살아 있는 보편정신이면서 차별적 정신의 동일성으로서 보편성을 보유하고 있으며 차별적 정신에만 고유한 보편성으로서 자아의 차별성에 상속되어 있으면서 자아의 차별성에만 상속되지 않고 무차별적 보편성으로 이어지는 자아의 보편정신이며 무차별적 보편성은 차별적 개체´, 개체˝, ……의 육체에 상속되지 않고 순수한 보편성만 보유하는 무차별적 보편성으로서 차별적 보편성과 함께 학문과 예술 등에 본질적 가치로서 표현되는 문화현상으로서 나타난다. 고호의 그림에는 고호의 그림만이 갖고 있는 고호 특유의 차별적 보편성(강렬한 색깔, 터치 등)이 표현되어 있고, 또한 고호의 예술가 정신이 다른 예술가의 그림에 나타나는 정신과 동일한 무차별적 보편성으로 나타나고 있다. 차이콥스키의 차별적 보편성은 국민 악파 음악의 차별성, 러시아 음악의 차별성, 차이콥스키 자신의 음악에 대한 차별적 해석이 나타나는 차별성이 국민 악파 음악의 보편성, 러시아 음악의 보편성, 차이콥스키 자신의 음악에 대한 보편성이 서로 상호 작용을 일으키면서 상속하는 데서 나타나는 차이콥스키만의 음악에 대한 차별적 해석이다. 따라서 차이콥스키 음악에는 국민 악파 음악의 차별적 보편성, 러시아 음악의 차별적 보편성 그리고 차이콥스키의 차별적 보편성이 음악 일반의 보편성과 함께 나타나며, 로린 마젤의 브람스 독일 레퀴엠 연주에는 차별적 보편성과 보편성 그리고 로린 마젤의 브람스 독일 레퀴엠을 열정적으로 지휘하는 차별적 해석이 차별적 보편성으로 나타난다. 브람스 음악을 연주하는 음악가의 차별적 보편성은 각 음악가의 차별성에 따라 서로 다르게 나타나는 차별적 보편성이며 각기 서로 다른 차별적 보편성에는 브람스 음악이 가지는 동일성이 있으며, 이 브람스 음악의 의미의 동일성은 지휘자 차별성에 따라 서로 다르게 나타나는 보편성이다. 차별적 보편성은 개체의 차별적 정신이면서 동시에 개체의 차별적 정신과는 상관이 없는 보편정신이다. 차별적 보편성은 개체이면서 동시에 보편이다. 차별적 보편성에는 개체의 정신이 들어가 있으면서 동시에 보편정신이 들어가 있다. 차별적 보편성은 개체의 정신과 보편정신이 서로 상속되면서 융합되어 있다. 차별적 보편성은 개체의 차별적 정신으로서의 보편정신이다. 차별적 보편성은 차별화된 보편성이면서 보편화된 차별성이다. 차별적 보편성에서 차별성과 보편성은 서로 상속한다. 보편성이 빈약하든 풍부하든 보편성이 차별성과 결합하는 순간 차별적 보편성이 생기한다. 차별성이 보편성으로 나타나는 차별적 보편성과 보편성이 차별성으로 나타나는 차별적 보편성이 있다. 전자는 이론적인 활동에서 차별적 보편성이 생기하는 경우이고 후자는 차별적 삶 속에서 차별적 보편성이 생기하는 경우이다. 차별성과 보편성이 결합하여 활동하는 차별적 보편성은 차별성과 보편성이 분리될 때 차별성은 차별성으로 보편성은 보편성으로 돌아가기 때문에 차별적 보편성은 소멸한다. 차별성은 삶 속에서 활동하고 보편성은 이론 속에서 활동하기 때문이다. 보편적 이론을 떠나서 차별적 삶 속에서 살아갈 때 차별성과 보편성은 분리되고 차별적 삶 속에서 보편적 이론으로 살아갈 때 차별성과 보편성은 결합한다. 차별적 보편성은 차별적 삶 속에서 보편정신이 활동하는 것이다. 차별적 보편성은 차별적 정신이 보편정신과 상속하여 차별적 마음과 성격이 보편적 이론과 융합되는 것이다. 차별적 보편성은 보편적 이론에서 나타나는 보편정신이 차별적 마음과 성격이 나타나는 차별적 삶 속에서 활동하는 것이다. 차별성과 보편성이 결합하는 것은 차별적 삶 속에서 일어나거나 보편적 이론 속에서 일어난다. 차별적 삶 속에서 일어나는 차별적 보편성은 보편성으로서 보편적 이론과 소통하고 보편적 이론 속에서 일어나는 차별적 보편성은 차별성으로 차별적 인격과 소통한다. 전자에서 보편성이 차별적 삶 속에 살아 있고 차별적 삶이 보편성으로 가득 찬다. 후자에서 차별성이 보편적 이론 속에 살아 있고 보편적 이론이 차별성으로 가득 찬다. 이것이 인격의 차별적 보편성이다. 차별적이고 보편적 의미는 보편적 의미가 차별적 삶 속에 살아 있다. 1961년 프랑스의 알제리 정책에 항의하는 집회에 참석한 사르트르의 앙가즈망은 보편적 의미가 차별적 삶 속에 살아 있는 인격의 차별적 보편성을 보여 준다. 차별적 보편성은 삶이면서 이론이다.

14

일상성과 보편성

1) 생활의 모습으로서의 일상성과 역사의 모습으로서의 보편성

일상성은 생활의 모습이고 보편성은 역사의 모습이다. 일상성을 지배하는 삶의 의미와 보편성을 지배하는 역사의 의미는 다르다. 일상성은 보편적인 역사의 의미를 벗어난 삶의 모습이고 보편성은 일상적 삶의 의미를 벗어난 일상적 삶이 없는 보편적 삶의 모습이다. 일상적 삶을 움직이는 원리와 보편적 삶을 움직이는 원리는 맞물리지 않고 어긋난다. 일상적 삶을 움직이는 원리는 가족을 중심으로 일어나는 차별적 사랑과 자기와 가까운 사람에 대한 차별적 의미에 기초한 차별적 사랑으로 움직이는 원리이며 보편적 삶을 움직이는 원리는 자기와 관계가 없는 거리가 먼 사람이긴 하나 인간 일반을 위한 보편적 인간애에 기초한 역사적 사건을 향한 보편적 사랑으로 움직이는 원리이다. 보편적 원리로 움직이는 역사의 의미가 일상적 원리로 움직이는 삶의 의미를 침해할 때 일상적 삶은 파괴된다. 보편적 역사의 의미는 일상적 삶의 의미를 위해서 존재해야만 한다. 일상적 삶의 의미를 보편적 역사의 의미가 파괴하는 것은 보편적 역사의 의미가 역사 속에서 잘못 행해질 때 일어난다. 일상적 삶의 모습이 보편적 삶의 원리에 의해 파괴되지 않도록 일상적 삶 속에서 일상적 삶의 원리에 따라 행해야 하며 보편적 삶의 의미가 일상적 삶의 의미를 해치지 않도록 일상적 삶 의미가 보편적 삶의 의미에 어긋나지 않도록 행해야 한다.

일상성 속에는 인간이 살아 숨 쉬고 있고, 보편성 속에는 이념이 살아 숨 쉬고 있다. 일상성에 대한 사랑은 인간에 대한 사랑이며, 보편성에 대한 사랑은 이념에 대한 사랑이다. 일상성 속의 인간에 대한 사랑은 이념으로서 본 인간이 아니라 개체로서 본 인간에 대한 사랑이며 보편성 속의 이념에 대한 사랑은 개체로서 본 인간에 대한 사랑이면서 이념으로서 본 인간 일반에 대한 사랑이다. 사람 A는 개체이면서 인간이다. 일상성 속의 개체에 대한 사랑에는 인간 일반이 빠져 있으나 보편성 속의 인간 일반에 대한 사랑에는 이념으로서의 인간 일반에 대한 사랑이 개체에 대한 사랑을 함으로써 가능하다는 것을 알기 때문에 이념으로서의 인간 일반에 대한 사랑을 하면서 이념으로서의 인간 일반을 있게 하는 개체로서의 인간도 사랑한다. 보편성 속의 인간에 대한 사랑은 이념으로 본 인간을 사랑하면서 이념으로 본 인간을 있게 하는 개체에 대한 사랑을 한다. 이념으로 본 인간 안에 개체가 살아 있다. 이념으로 본 개체에 대한 사랑은 사람 A가 개체이면서 인간이기 때문에 일상성 속의 이념이 없는 개체에 대한 사랑에 비해 사람 A를 사랑할 때 개체로서의 사람 A를 사랑하면서 인간으로서의 사람 A도 사랑한다. 휴머니즘은 개체에 대한 사랑이면서 인간에 대한 사랑이다. 휴머니즘은 개체를 떠난 인간에 대한 사랑이 아니고 인간을 떠난 개체에 대한 사랑도 아니다. 그러나 보편적 이념이 개체를 희생시켜서는 안 된다. 개체는 사랑의 대상이며 완성의 원리이다.

2) 일상적 삶과 심정의 유추

일상성에는 자기의 일상적 삶과 타자의 일상적 삶이 있다. 자기의 일상적 삶에 대한 사랑은 차별적 사랑이나 타자의 일상적 삶에 대한 사랑은 보편적 사랑이다. 타자의 일상적 삶에 대한 사랑은 타자의 일상적 삶에 대한 현실을 직감하여 느끼는 보편적 사랑 또는 타자의 일상적 삶을 자아의 일상적 삶과 유추하여 보편적 의미로 정립한 관념적 사랑이다. 타자의 일상적 삶에 대한 현실을 직감하여 느끼는 보편적 사랑은 타자의 일상적 삶에 대한 현실과 유사한 자기가 체험한 현실이 침전된 의미가 없는 사랑이며 타자의 일상적 삶을 자아의 일상적 삶과 유추하여 보편적 의미로 정립한 관념적 사랑은 타자의 일상적 삶에 대한 현실과 유사한 자기가 체험한 현실이 침전된 의미가 있는 사랑이며 이때의 유추는 관념으로서 짝짓기가 일어나기 때문에 현실에 대한 직감이 아니라 관념으로 생성되는 사랑이다. 자기의 일상적 삶은 자기가 직접적이고 원초적으로 만나는 가장 기초적인 삶이며 타자의 일상적 삶은 자기의 일상적 삶을 벗어나 들어가 만나게 되는 간접적인, 이차적 삶이다. 자기의 일상적 삶에 들어가 살면서 타자의 일상적 삶에 들어가 살 수도 있으나 자기는 타자의 일상적 삶에 지속적으로 들어가 살지는 못하고 다시 자기의 일상적 삶으로 돌아와 복귀한다. 자기의 일상적 삶으로 돌아온 자기는 자기의 삶을 유추해서 자기가 들어가 산 타자의 일상적 삶을 반추하거나 또는 자기가 들어가 산 타자의 일상적 삶으로부터 유추해서 떠나온 타자의 삶을 들어가 살 수 있다. 자기가 들어가 산 타자의 일상적 삶에 대한 유추는 자기의 삶과의 재생 된 유추이며 떠나온 타자의 삶에 들어가 사는 것은 자기의 삶과의 유추를 타자의 삶과 다시 예료 적으로 유추하여 이중으로 유추된 타자의 삶에 들어가 사는 것이다. 자기가 들어가 사는 일상적 삶은 실재적 현실이나 자기가 유추해 사는 타자의 일상적 삶은 의미로 느끼는 관념적 현실이다. 타자의 일상적 삶은 타자가 직접적으로 만나는 실재적 현실이나 자기가 자기의 일상적 삶을 기초로 해서 유추하는 타자의 일상적 삶은 의미로 나타나는 관념적 현실이다. 자기의 일상적 삶과 타자의 일상적 삶의 유추는 삶 속에서 일어나는 현실이 연결고리로 되어 일어나는 삶의 자기 이입이며 타자의 신체를 자기의 신체와 짝짓기(Paarung)하여 일어나는 자기 이입과는 다르다. 삶은 관계이며 관계는 자기와 자기 이외의 현실과의 앙상블이기 때문에 삶의 유추는 이미 지나간 과거의 자아(alter ego)가 습득(habitus)된 의미의 유추가 아니라 삶의 현실에서 여기 있는 관계적 현실이 유추가 되어 일어나는 현상이다. 삶의 유추는 관계적 현실이 연결고리가 되어 삶이 떠오르나 인식의 유추는 지나간 의미가 연결고리가 되어 의미가 떠오른다. 인식의 유추가 삶의 유추를 포함하나 인식의 유추가 의미의 짝짓기임과는 달리 삶의 유추는 관계적 삶의 현실이 짝짓기가 되는 유추이다.

언어에는 차별적 관계와 보편적 관계를 나타내는 말들이 있다. 딸은 아버지가 있어야 딸이 될 수 있으며 아버지는 딸이 있어야 아버지가 될 수 있다. 딸은 아버지에 대한 관계를 나타내는 말이며, 아버지는 딸에 대한 관계를 나타내는 말이다. 이 관계는 차별적 사랑으로 이루어지는 차별적 관계이다. 마찬가지로 언어에는 이와 같은 논리적 형식으로 보편적 관계를 나타내는 말들이 있다. 따라서 관계는 존재한다. 삶의 유추는 이러한 관계의 유추이다. 관계의 유추는 심정(das Herz)의 유추이다.

일상적 삶에는 차별적 사랑이 가득 차 있다. 모든 사랑이 근거해야 할 준거는 차별적 사랑이다. 자기가 보는 타자의 자식이 못나도 타자는 자기의 자식을 세상에서 제일 사랑한다. 자기가 보는 타자의 자식이 장애가 있고 어리석은 사람일지라도 타자에게는 정상이고 똑똑한 다른 타자의 자식보다 자기의 자식이 더 소중하고 더 사랑이 가는 자식이다. 따라서 자기는 자기의 자식이 제일 소중하고 사랑하는 자식일지라도 타자의 자식이 타자에게는 자기의 자식보다 더 소중하고 사랑하는 자식이므로 자기가 사랑하는 자기의 자식이 소중한 만큼 타자의 자식도 자기가 사랑하는 자식만큼 소중하게 생각해야만 한다. 사랑은 자기에게 이로운 것만 사랑이 아니고 모두에게 이로운 것이 사랑이므로.

역사의 현상학

1) 역사와 사실

사물 A에 대한 의미는 A가 시야에서 반복해서 확증되는 한 경험을 통해서 계속적으로 동일하게 규정될 수 있으나 역사적 사실 A에 대한 의미는 A가 시야에서 사라져 과거의 사실로 넘어가는 한 경험을 통해서 계속적으로 동일하게 규정될 수 없다. 역사적 사실 A가 과거의 시간 저편으로 사라져 시야에서 완전히 벗어나 있기 때문에 A의 의미가 현재적인 역사적 상황에 따라 다양하게 해석될 수 있으나 A의 의미는 해석의 다양성 이면에 동일하게 자리 잡고 있으며 다양한 해석 가운데 A의 의미와 일치하는 해석이 있을 수 있다. 역사적 사실 A를 경험한 역사가에 의해 A의 의미가 기술될 수 있으나 A의 의미의 진실은 역사가에 의한 A의 의미의 명증성에 근거하고 있으며 역사가에 의한 A의 의미의 명증적 기술은 A라는 역사적 사실이 부분적 사실에 대한 의미의 기술이므로 A의 역사적 사실에 대한 부분적 사실이 가지고 있는 부분적 의미가 역사가들이 기술하는 사실에 대한 의미들의 결집을 통하여 역사적 사실 A의 전체적 역사적 진실이 성립되어야 한다.

역사적 사실은 역사적 경험의 장에서 사라지면서 역사를 경험하는 역사의식 안의 현상으로 내재화된다. 역사는 역사적 사실을 경험한 역사의식 안에서 술어적 판단으로 형성된다. 역사를 기술하는 역사의식 안에 역사적 사실은 직관적 표상으로 구성되어 직접판단으로 언어화된다. 역사적 사실은 술어적 판단의 집적으로 기록되어 사료로 남는다. 사료는 역사의식 안에 내재화된 직관적 표상과 그것으로 술어화된 직접판단이 의식 밖에 외재화되어 나타난 것이다. 외재화된 역사적 사료와 내재화된 역사적 사실에 관한 직접판단 그리고 역사적 행위로 일어난 원래의 사실은 서로서로 일치해야 역사적 진실로 성립된다. 역사적 진실은 역사의식이 향해 있는 목적이다.

역사는 사실을 다루며, 역사가 다루는 사실은 일어난 사실, 일어난 사실을 기록한 기록된 사실, 기록된 사실을 선택, 강조, 평가하는 역사적 사실로 나누어진다. 역사가 다루는 사실이 진실이 되기 위해서는 일어난 사실, 기록된 사실, 역사적 사실이 모두 일치해야 한다. 일어난 사실과는 다른 사실이 기록되고, 기록된 사실의 의미와는 상관없는 의미연관을 역사적 사실이 다룬다면 기록된 사실에는 일어난 사실과는 관계없는 거짓의 사실이 기록될 것이고 역사적 사실은 일어난 사실과 기록된 사실의 역사적 진상과는 거리가

면 위상으로 자리 잡게 될 것이다.

역사가들이 기록된 사실을 선택, 강조, 평가하여 얻어낸 의미연관이 기록된 사실에 가로놓여 있는 의미와는 무관한 의미들의 집적이라면 역사적 사실은 잘못 인도될 수밖에 없다. 따라서 역사적 사실의 의미연관은 일어난 사실과 일치하는 기록된 사실의 의미에 있기 때문에 사실과는 거리가 먼(sachfern) 역사가들의 주관적인 해석이 개입되어서는 안 된다. 역사적 사실은 기록된 사실을 해석하는 의미의 그물망에 들어와 있는 것이나, 역사가의 그 기록된 사실을 해석하는 의미의 그물망이란 기록된 사실에 가로놓여 있는 의미의 그물망이다. 사실과 해석이 다를 때 의미는 변조된다.

역사가가 사실을 조망하는 의미관계는 사실을 선택하게 하며 선택된 사실들은 역사가의 조망 아래 선택되었기 때문에 선택된 사실을 토대로 하는 과거상은 미리 결정될 수밖에 없다. 미리 결정된 과거상과 그 과거상을 미리 결정하게 하는 의미관계가 선택되기 이전의 사실들에 가로놓여 있는 원래의 의미들의 의미관계와 일치하지 않는 주관적인 해석이 가해진 의미관계이고 그리고 그에 따른 과거상이라면, 미리 결정된 과거상은 사실들의 진상이 아니라 사실들이 변조된 위상이다. 따라서 역사가가 사실들을 조망하는 의미관계는 역사가가 조망하는 의미관계에 따라 선택되기 이전의 사실들에 놓여 있는 의미관계와 일치해야만 한다. 역사가가 사실들을 선택할 때 전제되어 동반되는 조망의 의미관계는 벗어던질 수 없는 견해이지만, 이러한 견해는 선택되기 이전의 사실들의 의미관계와 일치하는 의미관계이어야 하기 때문에 이러한 의미관계는 사실들을 선택하면서 형성되는 이론의 의미관계에 따라 수정되고 보완

된다. 역사가의 사실을 조망하는 의미관계는 역사가가 호흡하는 시대적·국가적 관심에 따라 서로 다른 의미관계일 수 있으며 서로 다른 의미관계에 따라 형성된 이론의 의미관계는 서로 다른 조망의 의미관계를 상호 부정한다. 이론의 의미관계가 반대되는 조망의 의미관계를 부정함으로써 역사가가 조망하는 의미관계는 반대 이론의 의미관계를 부정하고, 반대되는 역사가의 조망의 의미관계를 부정함으로써 상호 부정하는 이론 가운데 새로운 역사이론이 발생한다. 역사가가 조망하는 의미관계에 따라 선택되기 이전의 사실들에 놓여 있는 의미관계와 일치하는 이론의 의미관계는 반대되는 조망의 의미관계를 부정함으로써 반대되는 이론을 부정하고 역사가의 사실들을 조망하는 의미관계를 반증한다.

2) 역사의 필증성

언어의 흐름 속에 의식의 흐름이 용해되어 있으며 언어의 흐름 속에 살아 있는 의식의 흐름은 재생산되는 의식의 세계이다. 언어의 흐름 속에 용해되어 있는 의미의 이해는 재생산되는 기억과 일치한다. 재생산되는 의식의 세계는 지각되는 세계와 같이 살아 있지는 않지만 몸소 나타나는 과거(leibhafte Vergangenheit)의 세계라는 점에서 살아 있는 의식의 세계이다. 언어의 흐름 속에 살아 있는 재생산되는 의식의 흐름은 의식 속에 살아 있는 흐름이다. 지각, 상기, 상상에서 정립되는 'p다'는 의식의 흐름이나 언어의 흐름으로 구조화되어 있지 않고 'S는 p다', 'Sp는 q다' ……의 언어의 흐름에는 상기, 상상에서 현재화되는 의식의 흐름이 용해되어 있다. 언어의 흐름은 'S는 p다'가 아니라 'Sp는 q다', 'Spq는 r다'이다. 'S는 p다'는 경험 속에서 언어화되는 것이며 'Sp는 q다'부터는 경험과 언어가 단절되어 명사화(Nominalisierung)된 언어화되는 과정이 진행된다.

'S는 p다'에서 'p다'는 경험을 통해서 형성되는 의미의 차원이며 'p다'가 언어적 경험으로 형성되어야 'S는 p다'의 판단이 형성된다. 'p다'가 현상학적 경험의 차원이며 p가 'S는 p다'가 되는 과정을 통해 현상학적 경험은 언어화된다. P는 지각, 상기, 상상을 통한 의미의 차원이며 'S는 p다'가 되는 과정을 통해 언어화된다. 의식은 'p다'가 의미가 되는 경험의 차원과 p가 'S는 p다'가 되어 언어화되는 언어의 차원으로 형성되어 있다. P가 구성되지 않고서는 'S는 p다'가 형성되지 않는다. 의미가 구성되지 않고서는 'S는 p다'의 언어화 과정은 형성되지 않는다. P가 구성되는 과정을 통해서 'S는 p다', 'Sp는 q다' ……의 언어화 과정이 형성되기 때문이다.

역사(Historie)는 경험이 아니라 판단이다. 역사는 경험의 역사(Geschichte)로 들어가서 판단의 역사로 나와야 한다.

역사적 행위로 이루어지는 역사적 사실에 관한 언어의 흐름 속에 역사적 행위에 관한 의식의 흐름이 용해되어 있다. 역사적 행위에 관한 역사적 경험으로 이루어지는 모든 판단은 직접판단이다.

'p다'와 'S는 p다'에서 역사적 행위에 관한 경험이 형성되며 'S는 p다', 'Sp는 q다' ……에서 역사적 행위로 이루어지는 역사적 사실에 관한 언어화가 진행된다,

역사의 필증성 명증(apodiktische Evidenz)은 'p다'와 'S는 p다'의

역사적 행위의 경험의 필증성이며 'S는 p다', 'Sp는 q다', 'Spq는 r다'의 언어적 경험의 필증성이다. 'p다'는 경험의 차원이며 'S는 p다'는 언어와 경험이 마주치는 접점이다.

사물 A에 대한 판단 'S는 p다'와 역사적 행위 A에 대한 판단 'S는 p다'는 언어와 경험이 마주치는 접점이기 때문에 경험의 명증성이 확보될 때에는 의미의 동일성이 상호 주관적으로 확보되므로 해석의 다양성이 생기지 않으나 경험의 명증성이 확보되지 않을 때에는 의미의 동일성이 상호 주관적으로 확보되지 않고 의미의 다양성이 생길 수도 있다.

사물 A에 대한 판단 'Sp는 q다', 'Spq는 r다' ……과 역사적 행위 A에 대한 판단 'Sp는 q다', 'Spq는 r다'는 의미의 형성과정이 다르기 때문에 사물 A에 대한 판단 'Sp는 q다', 'Spq는 r다'에서는 의미의 동일성이 상호 주관적으로 확보될 수 있지만 역사적 행위 A에 대한 'Sp는 q다', 'Spq는 r다'에서는 의미의 동일성이 상호 주관적으로 확보될 수 있으나 해석의 다양성이 생길 수도 있다. 역사적 행위의 해석 다양성은 'Sp는 q다'부터 발생하며 역사적 행위의 의미 다양성은 'S는 p다'에서 생긴다.

해석의 다양성은 자기 안에 의미의 동일성을 포함하고 있거나 의미의 동일성을 포함하고 있지 않거나 이다. 의미의 동일성을 포함하고 있는 해석의 다양한 진리와 거짓은 소급적으로 굴착해 들어가서 의미 동일성의 명증성을 확증함으로써 가능하나, 의미의 동일성을 포함하고 있지 않는 해석의 다양성은 사변적 추리나 상상으로 표현된 것이기 때문에 거짓의 표현으로 결정된다. 의미의 동일성을 포함하고 있는 해석의 다양성은 어디까지가 의미의 동일성에 따라 정초된 간접판단이며, 어디까지가 의미의 동일성에 정초되지 않은 간접판단인지에 따라 해석상의 진리와 거짓의 문제가 다르게 나타난다.

원본적 지각을 통해 형성되었던 원본적 의미로 나타나는 증언 a에 정초된 간접증언 a´, a˝, a‴, ……가 결합하여 증언 A를 형성할 때 증언 A의 진리와 거짓은 증언 a´, a˝, a‴, ……가 간접적으로 정초된 증언 a로 소급되어 결정되기 때문에 증언 A의 명증성은 증언a의 원본적 의미가 나타난 a의 원본적 지각에서 결정된다. 그러나 증언 a에 정초되지 않은 간접증언 a´, a˝, a‴, ……는 증언 A의 명증성에 따라 결정되는 거짓증언이다.

'p다'와 'S는 p다'의 역사적 행위의 경험의 필증성은 상기의 필증성이며 'S는 p다', 'Sp는 q다', 'Spq는 r이다'로 이루어지는 역사적 판단의 필증성은 상기의 필증성에서 정초된다.

3) 역사와 기억

역사적 사건을 체험하는 의미는 자아의 의식에 갇혀 있다. 역사적 사건을 체험하는 의미는 상호 소통되지 못한다. 역사적 사건을 체험하는 의미와 언표된 의미는 동일하지 않다. 역사적 사건의 보편적 의미는 역사적 사건을 체험하는 차별적 의미가 보편화된 것이다. 역사적 사건의 보편적 의미에는 차별적 삶의 차별적 의미가 빠져 있다. 사건에는 차별적 의미가 들어 있는 차별적 사건과 보편적 의미가 들어 있는 보편적 사건이 있다. 역사적 사건의 보편적 의미도 그것을 경험하는 사람의 의식에는 차별적으로 흘러가는 의미이다. 역사적 사건의 보편적 의미와 언어화된 보편적 의미는 '보편적'의 의미가 다르다. 역사적 사건의 보편적 의미에는 차별적 삶이 빠져 있으나 보편적 의미를 경험하는 차별적 의미가 '역사성'의 보편성을 획득하는 것이며 언어화되지 않은 '보편성'을 가지고 있다. 역사적 사건은 보편적 의미에 대한 보편적 사랑이 기초하고 있으며 보편적 의미를 사랑함으로써 역사적 사건은 보편성을 사랑하는 '역사성'을 획득한다. 언어화된 보편적 의미에는 차별적 삶의 차별성이 빠져 있고 추상적 동일성으로 보편화된 것이다. 사건의 의미는 기억 속에 나타났다가 사라지나 언표된 의미는 의식 속에 나타나면서 영속적으로 기억된다. 언표된 의미는 기억 속의 의미이기 때문에 지각의 원본성이 사라지고 없다. 역사적 판단은 지각판단이다. 사물 A에 대한 지각판단과 역사적 사건 A에 대한 지각판단은 명증의 차이가 있다. 사물 A에 대한 지각판단은 지각이 확실할 때 필증성을 가지나 역사적 사건 A에 대한 지각판단은 그 사건이 의식의 저편 시간 속으로 사라져서 그 사건의 의미가 기억에 의존하기 때문에 필증성의 확보가 애매하다. 지각판단에서 지각의 원본성이 사라졌을 때 지각판단의 명증은 지각판단에 대한 기억에 의존할 수밖에 없다. 기억의 확실성이 의심스럽기 때문에 지각판단의 확실성도 의심스럽다. 지각판단의 명증은 상기의 필증성에 연루된다. 따라서 역사적 사실에 대한 기록은 기억에 의존할 수밖에 없다. 자기가 체험한 역사적 사실도 기록할 때 역사적 사실이 이미 의식에서 지나가 버렸기 때문에 기억에 의존할 수밖에 없고 목격자의 진술도 목격자가 체험한 역사적 사실을 목격자가 지각판단

또는 기억에 의거한 간접판단으로 기록해도 목격자가 진술한 지각 판단과 간접판단은 목격자의 기억에 의존할 수밖에 없고 역사가는 그 목격자의 진술을 다른 목격자들의 진술과 비교를 통해 그 진실과 거짓을 확증하는 길밖에 없다. 언표된 의미가 경험된 의미일 때 언표된 의미의 경험은 반복불가능하다. 언표된 의미의 동일성은 지각에서 의미의 동일성이 반복적으로 경험될 때 필증성이 확보되나 언표된 의미의 동일성이 지각에서 사라지고 없을 때 의미의 동일성은 상기에 의존할 수밖에 없고 명증의 확실성이 의심스럽게 된다. 사건의 의미는 차별적 체험으로 이루어져 있기 때문에 명제 속에 언어화되면 차별성이 사라지고 보편적 의미만이 남는다. 사건 속에 체험된 의미는 자아만이 가지는 살아 있는 체험이기 때문에 명제 속에 언표되면 살아 있는 의미가 사라지고 보편화된 의미만이 전달된다. 사건의 의미는 자아의 의식에 갇히고 살아 있는 의미가 전달되지 못하기 때문에 유아론에 빠지고 만다. 사건의 의미는 살아 있는 그대로 생생함이 기억되지 못하며 차별성이 사라지고 누구에게나 전달 가능한 보편성만이 남는다.

4) 사실, 가치, 해석

역사학이 실증주의적인 사실에만 매달리고 사실 속에서 가치를 찾지 못할 때 역사는 방향을 잃어버려 갈 길을 못 찾는 선박과 같다. 역사는 가치를 향해 전진하는 사실의 행로이다. 역사가 가치와 단절된 사실만의 집적으로 이루어질 때 역사는 광야에서 방황하는 사람과 같다. 역사적 사실이 향해 가는 가치는 사실과 떨어진 가치가 아니라 사실이 기초가 되어 사실이 밟아 가는 행로이다. 역사는 구체적 사실에서 출발하는 학문이다. 역사에서 밟아 가는 가치가 사실과는 연관이 없는 가치일 때 사실과 가치는 따로 떨어져 서로 상관없는 제 갈 길을 가게 되고 만다. 사실과 상관없는 가치로 역사적 사실을 보는 것은 역사적 사실의 진상을 왜곡시켜 역사적 사실의 의미에 그것과 관련이 없는 의미를 뒤집어 씌우는 것과 같다. 가치는 사실이 기초가 되어 제기되어야 한다. 역사철학이 역사 속에서 자리 잡고 운동할 수 있는 것은 역사철학이 사실에 기초가 된 가치를 제시할 때만이다. 가치가 배제된 사실, 역사철학이 배제된 역사학은 없고 사실에 기초되지 않은 가치, 역사학에 기초 두지 않은 역사철학도 없다.

가치는 사실에 기초되어 제시되기 때문에 사실과는 맞아떨어지지 않는 가치는 위조된 가치이며 바른 가치는 그 가치가 발원된 사실로 돌아가 평가되어야 한다. 사실에 발원하지 않는 가치의 재평가는 가치에 대한 반복된 연속적인 재평가를 발생시키기 때문에 사실에 들어맞지 않으며 상호간 정합성이 없는 수많은 이론들을 발생시킨다.

사실에 기초되어 제시된 가치는 사실에 대한 해석을 가능하게 한다. 사실은 주관이 들어서기 이전의 것이고 해석은 주관이 개입하고 난 이후의 것처럼 보인다. 그러나 주관으로부터 떨어져 있는 사실은 없고 사실로부터 독립되어 있는 해석도 없다. 사실은 언제나 주관에 대한 사실이며, 해석은 언제나 사실에 대한 해석이다. 주관의 색채가 배제된 객관적 사실은 존재하지 않으며 객관적 사실이 증거로 되지 않는 주관적 해석도 없다. 사실의 의미는 주관과의 대화를 통해 성립하며 해석의 정당성은 사실과의 조화를 통해 입증된다. 해석은 사실의 의미에 근거한 의미의 확장이거나 사실의 의미에 근거하지 않은 의미의 확장이다. 해석된 의미가 사실의 의미에 정초되어 전개되는 의미일 때 사실의 의미 확장으로서의 해석된 의미는 사실과 일치하는 의미이다.

역사기술에서 해석의 다양성은 역사적 진실의 실종을 초래한다. 역사가는 확증된 사실에 근거한 의미의 동일성을 추구해 가야만 한다. 역사기술은 지각의 원본성이 차단되어 있기 때문에 확증된 지각판단으로 이루어진 사실에 대한 기록의 진실성 여부를 가릴 길이 없다. 진실을 기록한 다양한 사료들로부터 진실을 확증시키는 서로간의 의미 동일성을 추적할 수 있으며 상호 주관적으로 믿을 수 있는 여러 사료들 간의 의미 동일성을 볼 수 있다. 역사가는 진실로 보이는 지각판단들과 간접판단들의 연쇄에서 그 진실과 거짓이 의심스러운 의미의 다양성을 볼 수 있지만 언제나 진실을 기록하는 역사가들이 있으며 역사가들이 처리하는 사실들을 볼 수 있는 다양한 사료들에서 상호 주관적으로 보이는 의미의 동일성을 볼 수 있다.

사실에 대한 해석의 정당성은 사실에 대한 진리의 상호 주관적 합의로 그 정당성이 입증되기 때문에 사실에 대한 해석의 진리는 역사적 진행을 통해 상호 주관적 합의가 진리를 획득해 나가는 목적론적 과정으로 이루어진다.

16

개체의 판단과 역사적 실천

1) 개체와 보편정신

존재는 생성이다. 생성에는 인과율이 재배하는 자연의 생성과 역사적 실천이 지배하는 역사의 생성이 있다. 역사의 생성은 정신의 나타남이다. 정신은 개체의 정신이 자기에 대해 역사적 현실로서의 타자를 부정함으로써 생성된다. 정신은 자기에 대해 타자를 부정함으로써 타자와 대립한다. 정신의 자기에 대한 타자의 부정은 반성적 작용이며 정신은 반성함으로써 자기 자신에게로 돌아온다. 정신이 자기 자신을 반성함으로써 정신이 자기와 다른 타자에 대립하며 정신의 타자와의 대립은 정신의 자기 자신에로의 복귀이며 정신의 자기 자신에로의 복귀는 정신의 나타남이다.

정신이 타자와의 대립으로부터 자기 자신에게로 복귀함으로써 정신은 생성하는 자유로서 운동하기 시작한다. 정신의 생성은 자유로의 운동이다. 정신은 순수 존재도 순수 무도 아니다.

정신은 생성이다. 정신은 생성 중에 있으며 정신이 생성되면서 정신은 운동하기 시작하고 정신의 운동은 목적을 향해 가는 과정이다. 정신이 생성되는 한 정신은 운동하며 정신이 운동하는 한 정신은 자유로 진보한다. 역사는 정신이 생성되는 무대이며 정신이 생성되는 한 정신은 자유를 향해 진보하므로 역사는 정신의 생성 속에서 자유를 향해 운동하는 무대이다.

역사는 정신의 생성이다. 정신이 생성되는 한 역사는 자유를 향해 쉼 없이 운동한다. 생성은 순수 존재와 순수 무의 전제이다. 생성은 존재와 무를 구별시키면서 존재가 무로 나타나고 무가 존재로 나타나면서 서로가 서로에게로 소멸되는 과정이다. 어떤 것은 있으나 이 어떤 것이 있음은 이 어떤 것이 없지 않고 있다는 것이다. 이 어떤 것은 다른 어떤 것이 있음에 의해 제약된다. 다른 어떤 것은 이 어떤 것이 아니라는 것이다. 이 어떤 것이 아니라는 것은 이 어떤 것의 비존재이며 이 어떤 것의 비존재는 다른 어떤 것이다. 존재자는 서로가 서로에게 제약된다. 존재는 비존재에 의해 제약되기 때문이다. 존재와 비존재의 존재는 비존재를 가능하게 하는 생성이다. 생성은 동일성 속에서 다양성을 가능하게 함으로써 존재와 비존재의 대립을 가능하게 한다. 존재와 비존재의 대립은 생성으로써 가능하다. 생성은 우주를 포함한다.

우주는 생성 속에 있다. 우주는 차별적 존재자를 무한히 포함한다. 정신은 생성 속의 동일성이다. 정신은 생성이자 동일성이다. 정신은 생성되면서 동일하게 보존되는 것이다.

정신 속의 동일성은 진보한다. 진리는 동일성이다. 역사 속에서 동일성은 생성 속의 동일성이다. 진리는 생성 속의 동일성이다. 진리는 완성을 향해 전진하는 목적의 과정이다. 보편정신은 개체이면서 본질이다. 보편정신은 개체 안에 존재하면서 개체 밖에 존재한다.

개체 밖에 있는 보편정신은 개체 안에 있는 보편정신이 있음으로써 존재한다. 개체 안에 있는 보편정신과 개체 밖에 있는 보편정신은 동일한 보편정신이다.

개체 안에 있는 보편정신이 개체 밖에 있는 보편정신으로 외재화하고, 개체 밖에 있는 보편정신이 개체 안에 있는 보편정신으로 내재화하면서 정신은 역사 속에서 운동한다. 역사 속에서 운동하는 보편정신은 개체 안의 보편정신이 외현된 것이다. 역사는 정신의 운동이다. 역사 속의 정신은 개체 안에 살아 있는 보편정신이다. 보편정신은 진리를 향해 운동하는 정신이다.

보편정신은 진리를 향해 운동하는 역사 속의 정신이면서 진리를 형성하고 진리를 향해 살아가는 개체 안의 정신이다. 진리는 개체 안에 있으면서 개체 밖에 있다. 보편정신은 개체 안의 정신과 개체 안의 정신이 언어와 행위로 만나는 사회 속의 정신이면서 사회적 정신이 나타나는 사회적 진리가 시간 속에서 운동하는 역사적 정신이다 보편정신은 사회적 정신이 활동하는 정신적 기류이다.

사회적 정신은 역사적 실천에 의해 사회를 변화시키는 힘이며 제도와 법과 도덕 등으로 그 자취를 남긴다. 보편정신은 진리의 운동이다. 진리는 정체된 판단이면서 진리는 시간 속에서 운동하는 역사적 정신이다. 보편정신은 판단으로 나타나는 정신이면서 역사 속에서 진리를 향해 운동하는 정신이다. 개체 안의 판단의 진리는 개체 밖의 역사적 진리로 나타난다. 개체 안의 판단으로 된 진리는 역사적 행위의 실천으로 역사 속에서 실천적 진리로 나타난다. 개체 안의 판단의 진리와 개체 밖의 역사적 진리는 서로 일치한다. 판단의 진리와 역사적 진리와 서로 일치함으로써 진리는 실천적 진리가 된다. 판단의 진리와 역사적 진리는 실천으로 매개된다. 역사적 실천으로 개체 안의 보편정신이 개체 밖의 보편정신과 일치하게 된다. 보편정신은 진리의 나타남이다.

역사적 진리는 실천적 나타남이다. 판단으로 된 진리는 실천적 진리의 나타남으로 역사적 진리가 된다. 개체의 정신 밖의 보편정신의 나타남은 개체의 정신 안의 보편정신의 외현으로 가능하다. 보편정신은 판단의 진리를 형성하는 의식이면서 판단의 진리가 개체의 정신 밖으로 외현되는 정신의 운동이다.

정신의 운동은 물체의 운동과는 달리 시간 속에서 진리가 생성되는 것이다. 정신은 진리의 형태로 나타난다. 정신은 진리를 향해 운동한다. 정신의 운동은 진리의 생성이다. 정신은 진리를 향해 운동하며 정신의 운동의 본질은 진리의 나타남을 향한 운동이다. 정신은 진리를 향해 끊임없이 운동한다. 정신은 진리를 향해 움직이며 정신의 진리는 정신의 자유 속에서 호흡한다. 인간의 정신 활동은 진리를 향해 있고 진리는 언어로 표현되기 때문에 인간의 정신 활동을 매개로 역사 속에서 운동하는 정신이 역사적 진보를 통해 진리의 현실화를 향해 있다면 역사적 진리의 구현을 위해 진리를 표현하는 표현의 자유는 보장되어야 한다. 언어적 진리는 역사적 진리를 저장하는 저수지이기 때문이다. 역사는 언어화된 기억이며 역사의 진실은 언어화된 기억에 재생되기 때문에 역사적 진리의 확증을 위해 언어적 진리의 표현은 보장되어야 한다.

즉자와 대자와의 대립은 의식 안의 대립이다. 정체화된 동일성과 동일성을 부정하는 비동일성의 대립은 의식 안의 대립이면서 의식 밖의 대립이다. 의식 안의 대립은 의식 밖의 대립을 가능하게 한다. 의식 안의 대립을 통해 의식 밖의 대립이 가능해지고 의식 안의 대립이 의식 밖의 대립이 되는 과정은 의식 안의 진리가 의식 밖의 진리로 생성됨으로써 가능하다. 의식 안의 정체된 동일성이 비동일성으로 부정되고 종합으로 지양됨으로써 의식 밖의 정체된 동일성이 비동일성과 부정되고 종합으로 지양된다. 의식 안의 대립이 의식 밖의 대립으로 생성되는 것은 실천적으로 가능하다. 역사적 실천은 개체 안의 보편정신과 개체 밖의 보편정신을 매개한다. 역사적 실천을 통해 개체 안의 보편정신이 개체 밖의 보편정신이 된다.

정체, 제도, 관습 등 사회 체제의 유지에 도움이 되는 사회적 유용성은 사회 구조에 따라 체제가 변화하기 때문에 체제의 진리가 상대화되는 진리의 사회성을 노정한다. 사회적 유용성은 사회 체제에 진리가 구현되어 나타난다. 사회 체제는 사회 구조의 변화에 따라 변화하고 사회 체제의 변화는 진리의 상대성을 의미하기 때문에 지금 타당한 진리가 사회적으로 유용하다고 해서 지지받고 지금 타당한 진리가 사회적으로 유용하지 않다고 해서 억압될 수는 없다. 진리의 상대성은 시간적 변화에서 이전의 진리가 이후의 거짓으로 되고, 이전의 거짓이 이후의 진리가 되기 때문에 이전의 진리와 이후의 진리의 절대화를 의미하지는 않는다. 따라서 지금의 사회적 유용성이 사회적 진리를 의미한다고 해서 지금의 사회적 진리를 절대화시킬 수는 없다. 사회적 유용성은 진리의 상대화를 초래하기 때문에 지금의 사회적 진리를 절대화시킬 수는 없다. 사회적 유용성은 진리의 상대화를 초래하기 때문에 지금의 사회적 진리가 유용하다고 해서 지지하거나 지금의 사회적 진리가 사회적으로 유용하지 않다고 해서 억압하는 것은 정당화될 수 없다. 진리의 사회성은 진리의 상대화를 의미하므로 진리의 사회성은 사회적 진리의 절대화를 경고하는 것으로 받아들여야 하며 지금의 사회적 진리의 절대화를 경계하는 것으로 받아들여야 한다. 사회적 진리의 상대성은 역사적 진리의 목적을 향한 운동이다. 정신의 생성과정은 개체 안의 정신의 생성과정의 반추이다. 개체 안의 정신의 생성과정은 인간이 나타나면서 인간의 정신 안에서 정신의 생성과정이 나타나는 과정의 반추이다.

보편정신은 개체의 정신 속에 살아 있으며 역사 속에 나타나는 정신의 운동으로 살아 있다. 보편정신은 개체 안에 살아 있으면서 개체 안에 있는 살아 있는 정신이 진리로서 외현되어 살아 있다. 보편정신은 차별적 정신 안에 진리로서 살아 있으며 역사 속에 진리를 향해 운동하는 정신으로 살아 있다. 정신의 진리는 선과 미를 기초 짓는 토대이다. 보편정신 속에 살아 있는 진리에 선과 미가 기초되어 생성된다. 자유가 없는 한 진리도, 선도, 미도 없다. 정신은 자유 속에서 호흡한다. 정신이 자유를 향해 진보하는 것은 정신이 진리와 선과 미의 자유로운 발현을 위해 운동하는 것이다. 자유의 억압은 정신의 억압이요, 정신의 억압은 진리와 선과 미의 억압이다. 역사는 차별적 사랑으로 가득 찬 차별적 삶의 역사이면서 보편적 사랑으로 진보하는 보편정신의 역사이다. 자유의 가장 자유로운 모습은 차별적 개체가 사는 차별적 삶의 자유이다. 보편적 역사는 차별적 개체의 차별적 삶의 자유를 위한 정신의 역사이다. 차별적 삶이 없는 한 보편적 역사는 존재하지 않는다. 차별적 삶이 없는 한 보편적 역사는 속이 비어 있는 과일과 같다. 차별적 삶을 해치는 보편적 역사에 저항해야 하며 보편적 역사는 차별적 삶을 위해 존재해야 한다. 애국지사의 사랑은 타자의 차별적 삶을 위해 자기의 차별적 삶을 희생한 희생적 사랑이다. 가장 위대한 사랑은 차별적 삶 속의 사랑이요, 가장 훌륭한 사랑은 타자의 차별적 삶을 위해 자기의 차별적 삶을 희생한 사랑이다.

2) 역사적 실천과 역사적 생성

역사적 현실은 사회적 의미를 지니는 사건의 행렬이다. 역사적 현실은 자기 속에 비동일성을 포함하고 있다. 역사적 현실의 동일성은 의식 속에 정체된 판단으로 정립되며 역사적 현실에 포함된 비동일성은 의식 속에 포함된 비동일적 판단으로 생성된다. 역사적 실천은 동일성의 비동일성에로의 이행이므로 역사적 실천은 정체된 판단으로 본 역사적 현실을 비동일적 판단으로 본 역사적 현실로 변화시키는 것이며 이것이 역사적 진리의 실천이다. 역사의 현실과 정신의 현실은 동일하다. 현실은 A와 비A의 대립으로 생성되기 때문에 A의 형태로 나타나는 현실은 자기 속에 비A의 형태로 나타나는 현실을 포함하고 있다. 현실이 A에서 비A에로 이행되는 과정은 자연적 생성의 과정이나 역사적 현실이 A의 형태에서 비A

의 형태에로 이행되는 과정은 자연적 생성이 아니라 인간의 실천에 의한 역사적 생성의 과정이다. 이 A의 형태로 나타나는 역사적 현실을 비A의 형태로 나타나는 역사적 현실로 변화시키는 것은 역사적 실천으로 가능하며, 이것은 자연적 생성이 아니라 역사적 생성이다. 역사가 진보 또는 퇴보로 생성된 것은 역사적 실천에 의해 결정되며, 역사가 퇴보하는 것은 역사의 실천이 거짓의 실천으로 향하거나 역사적 실천이 존재하지 않기 때문이다.

자연적 생성은 필연의 영역에서 움직이나 역사적 생성은 의지의 영역에서 움직인다. 정신의 생성은 역사적 현실의 생성을 가능하게 한다. 역사적 실천으로 정신의 생성은 역사의 생성이 된다.

자연은 변화함으로써 존재하는 것으로 그치나 역사는 실천의 존재가능성에 의해 시간 속에서 정신이 생성되고 운동하는 것이다. 역사적 현실에 대한 A의 정립은 역사적 현실을 구성하는 A가 아닌 모든 비A의 현실을 A의 정립에 대립되는 모든 비A로서의 역사적 현실로 정립한다. A의 정립은 A가 아닌 모든 역사적 현실을 비A의 정립으로써 세운다.

존재와 神性

1) 판단의 존재론적 근거로서의 無의 경험

　파르메니데스에 있어서 존재가 사고함이며 존재와 사고와의 일
치함이 진리이기 때문에 존재는 진리와 관계한다. 전통적 진리 개
념은 진리는 판단에 자리 잡으며 진리의 본질은 판단과 그 대상의
일치에 있다. 그러나 판단이 대상과 일치하는지, 일치하지 않는지
의 여부는 판단과 그 대상에 대한 새로운 판단과의 비교를 통해서
결정되기 때문에 판단과 그 대상을 비교하는 것이 판단과 새로운
판단을 비교하게 되고 말기 때문에 판단과 그 대상과의 일치 여부
는 해결되지 않는다. 현상학은 전통적인 일치성이 갖고 있는 이
난제를 명증론으로 해결한다. 판단은 경험을 통해 형성되기 때문에
지각판단 'S는 p다'에서 S(노에마적 단적인 대상) 는 p(의미)를 경
험함으로써 판단으로 자리 잡는다. S는 판단되는 X이며 X를 p로

규정함으로써 지각판단 'S는 p다'가 형성된다. 'S는 p다'와 판단되는 X 와의 일치여부는 'S는 p다'라는 지각판단과 판단되는X 에 대한 새로운 지각판단 'S는 p다'와의 비교를 통해서 결정되는 것이 아니라 'S는 p다'라는 지각판단과 지각판단이 내려지는 대상과의 일치여부는 'S는 p다'로 판단하기 이전에 S와 p가 일치함으로써 'S는 p다'가 진리로서 보증된다. 따라서 진리는 판단과 대상의 일치여부에서 결정되는 것이 아니라, 진리는 판단이 내려지기 이전의 S를 p로서 경험함으로써 S와 p와의 일치에서 결정된다. 지각판단 'S는 p다'에서 S에 대한 경험에서 규정된p가 S와 일치하는 p로서 경험 될 때 'S는 p다' 라는 판단은 진리로서 보증되는 것이다. 판단 이전에 그 판단을 경험하는 의식 활동이 그 판단의 경험에 자리 잡는다. 진리가 판단에 자리 잡지 않고 경험에 자리 잡음으로써 존재론적 진리도 판단에서가 아니라 경험에서 자리 잡는다.

진리는 경험에서 생성되나 진리는 판단에서 확정됨으로써 상호 주관적 공유물이 된다. 판단에서 확정되는 진리와 거짓은 'S는 p다'와 'S는 p가 아니다'로 귀착된다. '이다'와 '아니다' 로서 기술되는 모든 언어적 표현의 긍정판단과 부정판단은 p(의미)에 대한 경험에서 긍정되고 부정되는 명증적 체험에서 결정된다. p에 대한 경험으로 p를 긍정하고 부정하는 지각 또는 상기의 변양에서 p를 긍정하고 부정하는 'S는 p다'의 긍정판단과 'S는 p가 아니다'의 부정판단이 나온다. 존재에 대한 경험이 존재의 결성인 무의 경험에서 나오기 때문에 p의 경험에서 p를 긍정하고 부정하는 행위는 p의 긍정이 p의 부정에 대한 부정하는 행위에서 나오며 p를 부정하는 행위는 부정하는 행위를 일으키는 무의 경험에서 나온다. S가 여기에는 존재하나 여기가 아닌 곳에서는 존재하지 않으며 여기가 아닌 곳에서 S가 존재하지 않기 때문에 S가 여기에 존재할 수 있다는 상대적 무의 경험에서 p를 부정하는 행위가 나오며 p를 부정하는 행위가 p를 긍정하는 행위를 존재론적으로 기초하기 때문이다. 무의 경험은 상대적 무의 경험을 일으키며 상대적 무의 경험은 부정하는 경험을 일으키며 부정하는 경험은 긍정하는 행위를 기초하며 부정하는 행위와 긍정하는 행위는 모든 언어적 표현 'S는 p다'와 'S는 p가 아니다'를 결정하는 역할을 한다. 따라서 무의 경험은 모든 언어적 표현의 근원이다. 하이데거의 존재론적 경험에 의하면 무의 경험 속에서 존재의 빛이 비치며 존재의 빛으로 다가섬은 무의 경험을 일으키기 때문에 존재가 건네는 존재의 언어를 경청하는 존재론적 경험은 모든 언어적 표현의 근원이 된다.

2) 존재내용과 無

존재는 존재내용으로서 여기에 나타나면서 존재가 존재내용이 아니기 때문에 여기에 없다. 존재는 여기에 있으면서 여기에 없다. 존재는 여기에 있으면서 존재내용으로 나타나고 존재내용이 아니기 때문에 여기에 없다. 존재내용은 대상이 아니면서 대상에 자기를 비추고 존재는 자기가 존재내용이 아니면서 존재내용에 자기를 비춘다. 존재내용은 친숙성으로 통일된 전체가 느껴지면서 기분에 나타나는 존재의 모습이다. 존재내용은 대상에 대한 앎이 해석학적로서의 구조로 작용하면서 그 대상에 대한 친숙한 느낌이 자아내는 기분에 나타난다. 고향의 존재내용은 대상화 되어 얻어진 고향에 대한 앎이 고향에 대한 대상화 되지 않은 친숙성으로 느껴지면서 나타나는 기분에서 생기한다. 존재내용이 나타나는 기분은 존재내용의 친숙성으로 인해 생기하는 정태성(Befindlichkeit)이다.

현존재는 대상의 봄으로써 존재내용을 느끼고 존재내용을 느낌으로써 존재의 빛을 받는다. 대상의 봄 없이 존재의 빛을 받을 수 없다. 대상의 봄은 존재의 빛을 받는 장소이다. 존재의 빛은 현존재의 대상의 봄으로써 자기를 밝히는 존재내용에 자기를 비추며 현존재는 대상을 봄으로써 존재가 자기를 대상의 자기 소여성에 나타내는 존재내용을 느낀다. 현존재는 존재가 자기이면서 자기가 아님으로써 나타나는 존재내용을 느낌으로써 존재의 빛을 받는다. 존재는 대상이 아니기 때문에 대상으로서 자기를 나타낼 수 없다. 존재는 자기가 대상이 아니기 때문에 대상으로서 자기를 나타낼 수 없지만 자기가 나타나기 위해서 대상이지만 존재가 아니고 대상이 아니지만 존재인 곳에 자기를 밝힐 수밖에 없다. 대상과 존재를 매개하는 곳은 존재내용이며, 존재내용의 나타남은 현존재의 유한성에 특출하게 나타난다. 현존재의 유한성은 현존재의 자기가 자기를 대상화 하여 자기를 보는 현존재의 대상적 성격과 현존재의 유한성이 거주하는 존재내용을 느낌으로써 존재를 받아들이는 현존재의 존재의 성격을 매개하는 곳이다. 현존재의 유한성에서 현존재는 존재를 느끼며, 현존재의 존재는 자기의 유한성에서 존재와 대상을 매개하는 존재내용의 나타남을 느낀다. 현존재의 존재내용은 현존재의 유한성에 나타나며 현존재의 유한성은 현존재에 존재가 밝힘과 현존재의 자기가 없어지는 것이 교차하는 존재내용을 느낌이다. 현존재의 유한성으로써 존재내용을 느낌은 자기가 아닐 수 있음을 느끼면서 자기가 아닐 수 있기 때문에 자기가 자기일 수 있는 존재를 느낌이다. 존재의 비밀은 무속에 숨겨져 있다. 무는 존재의 면사포이다.(M. Heidegger) 내 속에 있는 무가 존재를 그리워하게 한다. 존재의 고향상실은 내 속의 무를 방치함으로써이다. 내 속의 무를 생각지 않음으로서 존재를 생각하지 않게 된다. 내 속의 무를 생각함으로써 나의 존재를 생각하게 된다. 내가 타적인 것의 무를 생각함으로써 내가 나의 무를 생각하게 되며 내가 나의 무를 생각함으로써 내가 타적인 것의 무를 생각하게 된다. 무를 생각함으로써 존재를 생각하게 된다. 존재를 생각함은 무 때문이다. 존재내용은 현존재의 무와 존재를 매개하는 것이며 존재내용을 느낌으로써 현존재는 자기가 아님과 자기의 있음이 교차하는 자기의 존재자의 존재가 비치는 존재의 빛을 받아들인다. 현존재의 존재내용에 현존재의 무와 존재가 공속한다. 현존재의 존재내용은 자기가 없어지는 무를 깨달음으로써 자기가 존재한다는 사실을 느낄 때 현성되는 현존재의 존재 성격이다. 현존재의 존재내용에서 존재는 자기가 현존재의 존재로서 존재하는 자기를 나타내면서 존재는 자기가 현존재의 존재가 아니기 때문에 자기를 나타내지 않는다. 현존재가 자기가 없어지는 무를 깨달을 때 현존재는 자기의 존재가 존재한다는 사실을 느낌으로써 존재가 자기가 현존재에 존재한다는 사실이 현성하며 존재가 자기가 현존재에 존재하나 현존재의 무로서 자기가 나타나지 않는 사실이 현성한다. 존재가 자기가 현존재로서 현존재의 존재에 존재로서 나타나거나 존재가 자기가 현존재가 아니기 때문에 존재가 자기가 나타나지 않는다는 것이 현존재가 존재하는 존재론적 사실이다. 현존재가 무화 될 결성을 가지고 존재한다는 현존재의 무에서 존재내용이 현성하며, 현존재의 무에서 현존재는 자기에게 존재가 존재한다는 존재의 빛과 현존재는 자기에게 존재가 존재하지 않는 존재의 빛도 받는다. 존재내용은 현존재의 무와 현존재의 존재가 무화될 결성을 가지고 교차하는 지점에서 현성되는 현존재의 존재론적 사실이다. 존재내용은 현존재의 무와 현존재의 존재가 교차하는 지점에서 존재가 현존재에게 존재로서 존재함과 존재가 현존재가 아니기 때문에 현존재에게 존재하지 않는 존재론적 사실이 나타날 때 현성되는 현존재의 존재성격 이다.

3) 존재내용과 존재의 빛

현상학적 현상에 의해 나타나고 있는 X는 언제나 의식 안에서 의미를 보여주는 것에 머물기 때문에 의식은 X를 초월하지 못하고 의식 안에서 X를 본다. 그러나 의미로 대상을 보는 것보다는 대상이 자기소여성으로 주어지는 현상을 밝힘은 존재가 자기 자신을 밝히는 곳으로 들어가기 위함이다. 의미로 대상을 봄은 의미를 지니는 X를 초월하지 못하나 대상의 자기 소여성에 주목함은 의미로 자기소여성을 나타내는 인식 현상을 초월하여 존재 내용이 자기소여성으로서 자기를 밝히는 현상으로 들어서기 위함이다. 인식 내용이 의식의 '봄'에 나타남은 인식 내용과 일치하지만 의식의 '봄' 으로서는 알 수 없는 존재 내용을 마음 씀이 느끼는 과정으로 들어가는 통로의 역할을 한다.

　존재의 빛은 시각적인 '봄'에 나타나는 현상이 아니나 자기소여
성이 의식에 나타날 때 의식의 '봄'에 나타나는 자기소여성은 존재
내용이 탈 은폐되는 과정이기 때문에 존재 내용의 나타남은 의식
에 나타나는 자기소여성의 나타남에서 벗어날 수 없다. 존재 내용
의 나타남은 마음씀(Sorge)으로 느끼고 마음씀이 느끼는 존재 내용
은 존재의 빛이 비쳐야 마음씀에서 나타난다. 존재 내용의 나타남
은 자기소여성의 '봄'에 나타나나 존재 내용이 자기소여성의 '봄'
에 나타남으로써 존재내용은 자기를 감춘다. 자기를 감추는 존재
내용은 자기소여성의 '봄'으로 해서 감춰진 존재 내용을 마음씀이
느낀다. 마음씀이 존재의 빛에 비치는 존재 내용을 느끼는 것은
자기소여성이 의식의 '봄 에 나타남으로써 자기소여성과 존재내용
이 일치함으로써 존재 내용을 마음씀으로서 느낌이 가능해진다. 그
러나 존재 내용은 인식내용과 다르다. 인식 내용은 존재 내용으로
들어가는 통로의 역할을 한다. 인식 내용으로 통하지 않고는 존재
내용으로 향할 수 없으나 존재 내용은 인식내용으로서는 도달할
수 없는 인식 내용의 초월로서 가능하다. 초월은 마음씀의 느낌이
다. 마음씀은 인식내용을 초월함으로서 존재의 빛이 비치는 존재
내용을 느낄 수 있다. 현상의 나타남이 없이 마음씀의 느낌은 없
다. 현상은 자기 자신을 나타내면서 자기 자신을 나타내지 않는
것이다. 자기 자신을 나타내는 현상은 자기소여성으로 주어짐이며
자기 자신을 나타내지 않는 것은 자기소여성으로 주어지면서 자기
가 자기소여성이 아님으로 숨는 존재 내용이다. 마음씀은 자기소여
성으로 주어지면서 자기가 자기소여성이 아님으로 숨는 존재 내용

을 느낀다. 마음씀은 자기소여성으로 주어지는 나타남을 '봄'으로
서 자기소여성으로 주어지지 않는 존재내용을 느낀다. 나타나지 않
는 존재 내용은 인식될 수 없고 나타나는 나타남을 인식함으로써
나타나는 나타남으로서 나타나지 않는 존재 내용을 느낄 수 있다.
존재가 자기 자신을 알리는 현상은 시각적인 의식의 '봄'에 나타나
는 현상 없이는 가능하지 않다. 마음씀이 존재 내용을 느끼는 과
정이 존재가 존재 내용에 빛을 비추는 과정이다.

　존재내용이 주어지는 방식과 대상을 인식하는 방식을 대상의 자
기소여성이 매개한다. 대상의 자기소여성은 존재내용의 소여방식과
대상의 인식방식을 매개한다. 대상이 자기소여 되어야 대상을 인식
할 수 있고 대상이 자기소여 되는 것은 의식에 대상이 주어지는
방식을 결정한다. 대상의 자기소여성을 의식이 인식했을 때 인식
내용이 구성되고, 대상의 자기소여성은 대상이 주어지게 되도록 하
는 존재 내용이 존재해야 가능하다. 존재내용이 존재해야 대상의
자기소여성이 존재하게 된다. 대상의 자기 소여성이 존재하는 것은
대상의 존재 내용이 나타나고 있음이다. 존재내용은 대상의 자기소
여성을 가능하게 하는 근거이다. 대상의 존재 내용은 자기 소여성
을 통해 나타나고 있지만 대상의 자기 소여성에 가려져 은폐되고
있다. 존재내용이 자기 소여성으로 나타날 때 은폐된 존재내용은
탈은폐되어 존재한다. 자기소여성이 인식내용과 일치할 때 자기소
여성은 의식에 나타나나 자기소여성은 의식의 의식방식에 따라 자
기의 소여성이 다르게 주어진다. 자기소여성이 주어지게 되는 미지
의 존재내용은 자기 소여성으로 의식에 나타남과는 다른 방식으로
존재한다. 자기소여성으로 나타나게 하는 것은 자기소여성으로 나

타나지만 자기소여성으로서는 알 수 없는 것으로서 존재하기 때문에 의식에 나타날 수 없다.

　의식의 인식 내용이 대상의 자기소여성과 일치하는 것은 알 수 있으나 대상의 인식 내용이 그것의 존재내용과 일치하는 것은 알 수 없다. 대상의 인식내용이 대상의 자기소여성과 일치해야 대상의 인식 내용이 진리로 성립되고 대상의 인식내용이 자기소여성과 일치하는 것은 대상의 자기소여성을 존재하도록 하는 그것의 존재내용과 대상의 자기소여성이 일치해야 한다. 그래서 의식의 인식내용은 존재내용과 일치한다. 인식 내용은 자기소여성에 대한 인식이며 존재내용은 인식되지 않지만 인식 내용이 존재 내용과 일치하지 않는다면 인식 내용의 진위는 결정될 수 없다. 존재 내용의 나타남은 의식이 그 존재 내용을 좌우할 수 없고 존재 내용이 나타나야 그 대상의 자기소여성이 주어지므로 의식은 주어지는 대상의 자기소여성만을 자기의 의식과 신체 활동을 통해 좌우 할 수 있다. 존재 내용의 나타남은 의식이 좌우 할 수 없기 때문에 존재 내용이 나타나야 자기소여성이 주어지고 인식내용이 자기소여성을 구성한다면 존재내용은 나타날 수밖에 없다. 자기소여성이 의식에 나타남으로써 존재하기 때문에 존재내용은 의식에 나타나지 않고 은폐되어 존재한다. 자기소여성이 주어지는 것은 의식이 대상을 의식하는 방식에 따라 주어지지 않기 때문에 의식이 자기 소여성을 의식하는 한 자기소여성으로 주어지는 존재내용은 의식에 은폐되어 주어 지지 않는다. 자기소여성은 대상을 의식하는 의식 방식에 따라 의식에 나타나는 한 자기소여성은 자기를 나타나게 하는 존재내용을 은폐한다. 자기소여성은 존재내용을 밝히면서 자기소여성이 의식에 나타나는 한 존재내용이 자기소여성이 아니기 때문에 자기소여성은 존재내용을 감춘다. 존재내용이 의식에 의해 나타날 수 없고 존재내용이 나타나야만 인식이 구성된다면 존재 내용의 나타남은 의식이 아닌 다른 존재의 빛으로 나타날 수밖에 없다. 존재의 빛이 존재 내용을 나타나게 한다. 존재의 빛은 현존재의 현(Da)에 자기 자신을 비춘다. 존재의 빛이 비치는 현(Da)은 현존재의 마음씀 (Sorge)이다. 현존재는 마음씀으로서 존재이해를 하고 마음씀에 존재가 거주함으로써 마음씀에서 현존재와 존재는 상호공속한다. 현존재는 마음씀으로써 의식에 나타나지 않는 존재내용을 느낌으로써 존재 내용을 나타나게 하는 존재의 빛을 이해하게 된다. 의식에 나타나는 자기소여성은 의식에 존재 내용을 밝힘으로써 마음씀이 존재이해를 하는 통로가 된다. 마음씀은 의식에 나타나지 않고 자기 자신을 감추는 존재내용을 의식에 나타남으로써 자기 자신을 밝히는 존재내용을 받아들이는 과정이 존재이해의 역사이다. 현존재는 자기소여성으로서 의식에 나타나는 존재내용을 마음씀이 받아들임으로써 마음씀이 존재이해를 하도록 한다. 존재내용이 세계로서 나타나든 언어로서 나타나든 존재의 빛은 세계로서, 언어로서 자기 자신을 비춤으로써 자기 자신을 나타낸다. 인식 현상을 설명하기 위해 존재내용이 인식 내용과 맞아 떨어져야 한다는 사실은 존재내용과 그것을 비추는 존재의 빛이 언어와 상관있다는 사실을 보여준다. 인식내용은 언어에 자기 자신을 나타내고 존재내용이 인식 내용과 상관적인 한 인식내용에 자기 자신을 나타내는 존재내용은 언어에 나타날 수밖에 없다. 따라서 존재의 빛은 세계에 그리고 언어에 자기 자신을 나타낸다. 존재의 근거는 존재내용을 나타나게 하는 존재의 빛이며 마음씀은 존재의 근거를 느낀다.

4) 음과 神性

감각을 촉발한 대상이 바깥에 있는 반면 감각된 느낌은 감각 안에 들어와 있으므로 쾌락은 쾌락을 촉발시킨 대상이 바깥에 있는 반면 쾌락의 느낌은 쾌락을 느끼는 감각 안에 들어와 있다.

쾌락의 느낌은 언제나 감각 안에 있으나 쾌락의 원인은 언제나 감각의 안과 밖 둘 다에 있다. 쾌락은 외적지각의 촉발과 내적지각의 수용이 서로 최선의 상태에 있을 때 느껴지는 내적지각의 희열감이다.

감각은 육체에 분화된 기관이므로 감각활동은 육체의 활동에 속해 있다. 똑같은 육체의 활동은 지속적일 수 없기 때문에 똑같은 감각활동도 지속적일 수 없다. 쾌락은 감각활동이기 때문에 육체의 활동에 속해 있으며 똑같은 육체의 활동이 지속적일 수 없기 때문에 똑같은 쾌락도 지속적일 수 없다. 똑같은 촉각적 쾌감이 일시적인 것은 똑같은 촉각적 활동이 처음에는 강렬하지만 얼마 후에는 활동이 이완되어 지속적일 수 없기 때문이다. 삶은 육체의 활동으로 이루어지며 육체의 활동은 감각활동을 동반하기 때문에 감각이 쾌락을 향해 있으므로 삶은 쾌락을 욕구하지 않을 수 없다.

쾌락은 일시적인 희열을 가져다주지만 지속적인 기쁨은 가져다주지 못한다. 쾌락은 감각활동에서 기원하지만 정신적인 쾌감으로 이어주는 다리구실을 하는 감각활동은 쾌락이 없어지면서 소멸되나 잔여로 남겨진 정신적 쾌감은 지속적인 기쁨으로 유지된다. 순간순간 충족되는 감각활동의 쾌락은 순간순간 충족되었다 사라지지만 순간순간 잔여로 남는 정신적인 쾌감은 지속적인 쾌감으로 이어진다.

감각적 쾌락이 자기만족을 위한 희열을 느낄 때에는 감각적 쾌락이 보편성을 상실하기 때문에 도덕적 선이나 종교적 신 관념에 대한 감각적 희열을 느끼지 못하나 감각적 쾌락이 보편적 쾌락의 구조를 지니고 정신적 쾌감에 이어질 때 누구에게나 똑같은 도덕적 선이나 종교적 신 관념에 대한 감각적 희열을 느끼게 한다.

흐르는 음에서 새로이 충족되는 음을 지각하면서 지속적인 음의 의미를 기억하는 것은 음이 새로이 충족되면서 음의 의미는 지속적으로 충족되는 새로운 음의 계열과 연합하여 지속적인 음의 연속을 기억하기 때문이다. 음이 흐르면서 일으켜진 청각적 쾌감은 음의 청각적 의미에 의해 일으켜지며 청각적 쾌감은 음의 청각적 의미가 사라지면서 함께 사라지나 지속적인 음의 의미는 침전된 사라지는 음의 의미와 쾌감을 끊임없이 기억하면서 지속적으로 머무는 정신적인 쾌감으로 남아 머문다. 흐르는 음이 일으키는 성스러운 쾌감은 감각적인 쾌감이지만 누구에게나 동일한 보편적 쾌감의 구조를 지니고 무한자, 신에 대한 의미를 남긴다.

음은 연속적인 계열 속에서 화음의 조화를 이루며, 음의 화음은 음과 음들이 스스로의 질서 속에서 가지는 음의 내용이다. 음의 화음은 의식에 주어지는 그대로 반조되며, 의식의 구성이전에 스스로가 갖는 질서의 조화이다. 음은 세 가지 체험내용으로 의식에 의해 구성된다. 음은 누구에게나 동일한, 무한한 반복 속에서 동일한 음의 동일성을 가지며, 음은 그 음을 듣는 자아에게 그에게만 주어지는 차별적 쾌감을 가지며, 음은 그 음을 듣는 자아에게 그 뿐만 아니라 모든 사람에게 똑같이 주어지는 보편적 쾌감을 가진다.

차별적 쾌감의 뉘앙스는 다양하나 보편적 쾌감 의 뉘앙스는 동일하다. 차별적 쾌감의 뉘앙스는 언어로 표현 불가능하나 보편적 쾌감의 뉘앙스는 언어로 표현가능하다. 보편적 쾌감의 뉘앙스는 보편적으로 동일하며, 보편적 쾌감의 동일성은 그것이 동일한 보편성을 가지기 때문에 언어에 동일한 보편성이 보편적 의미로 표현될 수 있다. ‘성스러움’이라는 음의 보편적 쾌감은 쾌감으로서도 보편적으로 동일한 성스러운 쾌감을 가지며, 언어로서도 ‘성스러움’이라는 보편적 동일성을 갖는 의미의 보편성이 전달가능하다. 보편적 쾌감의 성스러움의 체험의 동일성은 언어로서의 보편적 쾌감의 성스러움의 의미의 동일성과 상호 교환 가능하다. 언어에서의 보편적 의미로 나타나는 ‘성스러움’의 보편적 의미는 그대로 보편적 쾌감의 동일성을 느끼게 한다. 그것은 ‘성스러움’이라는 언어가 갖는 보편성의 속성에 의해 그러하다. 우리는 ‘성스러움’이라는 표현을 받아들일 때 ‘성스러움’이라는 의미를 추체험 하게 (Nachleben) 된다. 성스러움이라는 언어적 표현을 이해하고자 할 때 성스러움의 의미를 떠올리며 성스러움의 의미는 성스러움이라는 의미를 추체험함으로써 가능해진다. 성스러움의 의미의 추체험은 이미 가지고 있던 성스러움의 의미의 체험을 다시 떠올릴 때 가능해지며, 성스러움의 의미의 추체험은 성경속의 성스러운 보편적 의미, 성스러움의 보편적 의미를 형상화한 예술작품 속에서의 성스러움을 떠올릴 때 가능해진다. '성스러움'이라는 언어는 '성스러움'의 의미를 떠올리게 하며 '성스러움'의 의미가 떠올려질 때 '성스러움'의 언어적 표현은 '성스러움'의 의미의 보편성을 추체험함으로써 '성스러움'이라는 언어적 표현의 보편성은 '성스러움'이라는 보편적 의미의 추체험으로써 주어지는 보편성과 일치하게 된다. '성스러움'이 아닌 언어적 표현의 보편적 동일성은 발생적으로 소급해 갈 때 차별적 구체자의 체험에서 진리가 획득되어지나 '성스러움'의 언어적 표현의 동일성은 발생적으로 소급해 갈 때 '신성'이라는 보편자의 체험에서 진리가 획득 되어 지기 때문이다. 차별적 구체자의 체험에서는 유아론의 문제가 발생하나 보편자의 체험에서는 유아론의 문제가 발생하지 않는다. 신성의 배후에 있는 신이 서로 다를지라도 신성이라는 보편적 의미는 누구에게나 동일하게 체험되기 때문이다. 성경속의 성스러운 보편적 의미에 관한 '성스러움'의 체험은 성스러운 음악이 일깨우는 보편적인 '성스러움'의 보편적 쾌감과 일치한다.

존재와 신은 가까이 있다. 존재를 받아 들임은 신을 느낌과 유사하다. 신이 만유에 편재해 있음에서 느껴지는 것이라는 점과 존재가 존재자로서 나타나는 존재라는 점이 유사하다. 존재가 존재자의 존재자성을 통하여 나타나는 것이라는 점과 신은 신성의 나타남을 통해서 나타나는 것이라는 점에서 신성이 '성스러움'을 연결고리로 하여 성스러운 존재자의 존재자성을 끌어 당길 때 신성 배후의 신과 존재자성 배후의 존재가 유사하게 느껴질 수가 있다.

18

맺는 말 – 차별성과 보편성

학문은 흐르는 것을 개념으로 고정시키기 때문에 학문에는 차별적 삶이 나타나지 않는다. 차별적 삶은 개념으로 고정되지 않고 끊임없이 나타났다가 사라진다.

차별적 의미와 차별적 감정은 차별적 삶 속에 살아 있으나 차별적 삶이 흐르는 것이기 때문에 차별적 삶 속에서 나타났다가 사라진다. 차별성은 언어 속에 나타나지 않으며 차별적 삶은 이론 속에 나타나지 않기 때문에 학문 속에도 나타나지 않는다.

차별적 삶의 역사는 끊임없이 나타났다가 사라지는 것이며 어느 누구의 기억 속에도 남지 않으나 보편정신의 역사는 끊임없이 나타났다가 사라지나 모든 사람의 기억에 영원히 남는다.

차별성은 사라지나 보편성은 영속적이다. 차별적 삶은 사라지나 보편정신은 영속적이다. 차별적 삶은 시간에 지배당하나 보편정신은 시간에 지배당하지 않는다.

데보라 카의 아름다움은 시간에 지배당하나 데보라 카의 영화에 나타난 아름다움은 시간에 지배당하지 않는다. 데보라 카의 아름다움은 시간 속에서 사라지나 데보라 카의 영화 속에 나타난 아름다움은 시간 속에서 사라지지 않고 영원하다.

역사적 사건은 보편적 의미로 나타나고 학문적 진리는 보편적 의미를 언명한다. 차별적 의미는 언어로 나타나지 않고 보편적 의미는 언어로 나타난다. 보편적 의미가 나타나는 보편성은 사라지지 않고 영속적이다. 차별적 의미가 아니고 보편적 의미이기 때문에 그리고 보편적 의미는 기록되어 남는 의미이기 때문이다.

차별적 사랑의 특출한 경우는 가족 간의 사랑이나 보편적 사랑의 특출한 경우는 애국지사의 사랑이다.

차별적 삶이 사라지므로 차별적 사랑은 생겼다가 사라지고 보편적 사랑은 생겼다가 사라지나 보편정신에 영속적으로 기억된다.

차별적 사랑은 인간적 사랑이나 보편적 사랑은 학문적 사랑이다. 일상성은 삶속에도 있고 이론 속에도 있으나 차별성은 이론 속에 나타나지 않고 오직 삶속에만 있다.

일상성은 삶에도 나타나고 언어 속에서도 나타나나 차별성은 삶 속에서만 나타나며 언어 속에서는 나타나지 않는다. 일상성은 기록되나 차별적 삶은 기록되지 않는다. 그러나 차별적 삶은 일상성으로서 기록된다. 차별성은 언어화 되지 않으며 차별성이 언어화되면 차별성은 사라지나 차별성은 일상성으로 보편화되어 나타난다.

차별성은 삶 속에 살아 있고 보편성은 이론 속에 숨 쉬고 있다. 삶 속에서 신은 감성에 살아 있고 신은 이성으로 논증된 이론에서는 만날 수 없다.

칸트의 비판 철학에서 형이상학은 이론 속에 죽어 있고 삶 속에 살아 있기 때문에 신은 이론에서는 만날 수 없고 삶 속에서 신이 살아 있다. 차별적 삶은 육체와 결합된 생명이 있는 삶이어서 죽음과 더불어 영원히 사라지지만 보편정신은 육체와 결부되지 않아서 죽지도 않고 그 정신적 형성물이 보편정신에 영원히 기억된다.

전동영 ──────────────────────────────────

▌약력

한국외국어대학교 독일어교육과 졸업, 부전공 철학
서울대학교 대학원 철학과 석사 수료
전 한국학원 원장, 전 MIT학원 원장
현 프로 스터디 원장

차별성과 보편성

초판인쇄 | 2009년 5월 8일
초판발행 | 2009년 5월 8일

지은이 | 전동영
펴낸이 | 채종준
펴낸곳 | 한국학술정보㈜
주 소 | 경기도 파주시 교하읍 문발리 513-5 파주출판문화정보산업단지
전 화 | 031) 908-3181(대표)
팩 스 | 031) 908-3189
홈페이지 | http://www.kstudy.com
E-mail | 출판사업부 publish@kstudy.com

등 록 | 제일산-115호(2000. 6. 19)
가 격 | 19,000원

ISBN 9   Paper Book)
      978-89-268-0003-4 98130 (e-Book)

내일을여는지식 은 시대와 시대의 지식을 이어 갑니다.